Schokolade & Wein

Eberhard Schell

Schokolade & Wein

Ein Genuss- und Geschmacksverführer

Vorwort von Otto Geisel

Impressum

ISBN 978-3-7750-0568-5

4 3 2 1 | 2009 2010 2011 2012

Lektorat: Monika Graff · **Redaktion:** Hans Georg Frank

Bildnachweis: *Andreas Wiese* (Seite 6, 11, 12, 17, 18, 19/20, 25, 64), *Barry Callebaut AG* (Seite 43,
44 links), *Max Felchlin AG* (Seite 62, 63, 120), *istockphoto.com* (Seite 40, 51: Elena Korenbaum;
Seite 52, Seite 58 rechts: Keoni Mahelona; Seite 57: Yaiza Fernandez Garcia; Seite 58: links
– Rob Broek; Seite 61 oben links: Steven Miric / oben rechts: Bernhard Richter / unten: Diana
Lundin; Seite 66 rechts: George Clerk; Seite 69 oben links: Steve Geer / oben rechts: Bodhi Hill
/ unten: Andrew Johnson; Seite 72: Donald Gruener; Seite 74: Materio; Seite 75: Ina Peters;
Seite 89: oben rechts: David Kerkhoff / unten: Kjell Brynildsen; Seite 94: Stephen Walls; Seite
104: Dan Bachman; Seite 107: unten links: Hector Joseph Lumang / unten rechts: broken3;
Seite 115: Bettina Sampl; Seite 119: Dr. Heinz Linke; Seite 127: James Zandecki; Seite 139: unten:
eliane / oben links: James Driscoll / oben rechts: Floortje; Seite 143: Roberto Caucino; Seite
144: Cristian Lazzari; Seite 145: Jan Rihak; Seite 150: laughingmango; Seite 151: unten lnks:
Falk Kienas / unten rechts: Raphael Daniaud; Seite 153: manu10319; Seite 154: Jill Chen; Seite
158: Alison Cornford-Matheson; Seite 161: unten: Abel Leão / oben rechts: Rene Drouyer), *Chris
Meier BFF, Stuttgart* (Seite 19, 28, 30, 77, 82, 84, 86, 87, 90, 93, 97, 98, 102/103, 105, 110 unten,
116, 124/125, 136, 147, 148,), *Porzellan-Manufaktur MEISSEN* (Seite 38 oben), *Michael Ruder /
Lichtpunkt* (Seite 161 oben links164/165), *Eberhard Schell* (Seite 8/9, 34, 49 rechts, 95), *Dieter
Schweizer* (Seite 36/37, 41, 46/47, 54, 89 oben links, 128, 134/135), *Yvonne Siller* (Seite 15, 26,
44 rechts, 49 links, 53 66 links, 129, 131), *Oliver Brenneisen* (Seite 22, 123), *Kurt Taube* (Seite 33,
38 unten).

Titelbild: stockfood; Titelrückseite: Chris Meier BFF, Stuttgart & Eberhard Schell

Gestaltung und Satz: Design & Produktion Julia Graff, Stuttgart

Reproduktion: LUP AG, Köln · **Druck:** Stürtz GmbH, Würzburg

Gesetzt aus der Klavika Basic (Process Type Foundry) und der Esta Pro (DSType)

*Der Verlag bedankt sich bei Mack & Schühle AG, Owen/Teck für die bereitgestellten Weine zur
Fotoproduktion.*

Ein Buch und viele Helfer

Dieses Buch konnte nur durch die Unterstützung vieler fleißiger und lieber Menschen zustande kommen. Einige von ihnen möchte ich an dieser Stelle voller Dankbarkeit namentlich erwähnen.

• Meine Frau Annette – sie machte mir Mut, dieses Buch überhaupt zu schreiben. Die wenige Zeit, die wir für- und miteinander haben, wurde noch etwas weniger. Sie hielt und hält mir den Rücken frei für dieses und manch anderes Unterfangen.

• Otto Geisel, der sofort ein Vorwort zusagte und meine Kenntnisse über internationale Süßweine entscheidend bereicherte.

• Das Staatsweingut Weinsberg mit Dr. Günter Bäder und seinem Team, die mich auf dem Gebiet der Weinpralinen unterstützten. Mit Martin Schwegler, dem dortigen Marketing- und Vertriebsleiter, wagte ich mich bei vielen Proben auf völlig neue Genussebenen von Wein mit Schokolade.

• Mit Spitzensommelière Claudia Stern, die sich schon seit vielen Jahren der Schokolade und dem Wein verschrieben hat, kreierte ich bereits einige Schokoladen – hoffentlich forschen wir an diesem spannenden Thema noch weiter.

• Das Deutsche Weininstitut mit seinen Mitarbeitern, das die Faszination von Wein und Schokolade erkannt hat und meine Arbeit unterstützt.

• Der Verband der Prädikatsweingüter mit Geschäftsführerin Eva Raps, der mit seinen hervorragenden Weinen für eine fruchtbare Zusammenarbeit gesorgt und zu mehr Kreativität in der Einbindung deutscher Weine beigetragen hat.

• Viele Weingüter, Genossenschaften und unermüdliche Mithelfer ermöglichten mit ihrer Unterstützung und ihrem Wissen dieses Buch – sie inspirierten und inspirieren mich immer wieder aufs Neue.

• Hans Georg Frank, der sich tapfer durch meine Texte gearbeitet hat und den meine Wortschöpfungen teilweise an den Rand der Verzweiflung brachten; er hat dafür Sorge getragen, dass sich dem Leser die richtige Bedeutung meiner Formulierungen erschließen kann.

• Barry Callebaut, Max Felchlin AG, Dieter Schweizer, Yvonne Siller, Kurt Taube und Andreas Wiese für die Bereitstellung des ergänzenden Bildmaterials.

• Chris Meier für seine fotografisch-kreative Umsetzung des Themas.

• Martin Maurer für den Kontakt zum Hädecke Verlag.

• Dem Walter Hädecke Verlag, insbesondere der gesamten Familie Graff, für die hervorragende Zusammenarbeit.

Dieses Buch ist meiner Familie und allen Schoko-Wein-Genießern gewidmet.

6

Schokolade direkt aus
der Manufaktur

Inhalt

Lemberger-Weinreben aus der Weinlage Himmelreich
oberhalb von Gundelsheim / Württemberg

Schokolade und Slow Food
Ein Vorwort von Otto Geisel

Die Philosophie von Slow Food lässt sich schnell und einfach mit dem »Dreiklang« erklären, den der italienische Gründer und Präsident dieser weltumspannenden Bewegung, *Carlo Petrini,* formuliert hat: »Gut, sauber und fair«. »Gut« steht hier natürlich für den Geschmack, »sauber« für eine nachhaltige Produktionsmethode und »fair« für die auskömmliche Bezahlung derer, die den Grundstoff für die entsprechenden Lebensmittel anbauen und herstellen. Wie passt dieser Anspruch nun mit dem großen und facettenreichen Thema Schokolade zusammen?

Zweifelsfrei wird man mehrheitlich feststellen, dass Schokolade gut schmeckt und über eine fast magische Anziehungskraft verfügt. Guter Geschmack definiert sich jedoch nicht nur über den Gaumen, sondern über viele weitere Geschmacksdimensionen, die sich erst bei näherem Hinsehen und genauerer Kenntnis erschließen.

Hier kommt nun *Eberhard Schell* ins Spiel – nicht nur durch die spürbare Faszination für den Mythos Schokolade, sondern durch seine fundierte Fachkenntnis und die Akribie, mit der er die Grundstoffe und Zutaten auswählt. Dabei meine ich nicht nur sein Wissen über die unterschiedlichen Kakaosorten, sondern vor allem auch seine Bereitschaft, sich bei der Beschaffung der Rohstoffe in einen Wettkampf von David gegen Goliath zu begeben, wenn er beim Einkauf gegen die großen, weltweit agierenden Lebensmittelkonzerne antritt. Manche mögen das für verrückt und nicht mehr zeitgemäß halten. Ich denke aber, dass hier genau das Gegenteil der Fall ist und dies von einer sehr modernen und aufrechten Einstellung zeugt.

Gleiches gilt auch für die übrigen Zutaten. Das lässt sich gut am Beispiel seiner Schokolade »Papua Umami« nachvollziehen. Dass diese so heißt, ist nicht nur eine Herkunfts- oder Sortenbezeichnung, sondern es ist auch eine kleine Provokation gegenüber den »Großen«.

»Umami« wird nämlich in der Regel mit dem geschmacksverstärkenden Glutamat gleichgesetzt – und genau dieses verwendet der Ausnahme-Chocolatier *Eberhard Schell* nie und nimmer! Zusatzstoffe aus dem Labor sind in der Schokoladenindustrie leider oft Standard. Die Folge ist, dass bei Kindern künstlich Glücksgefühle durch verstärkte Endorphinausschüttungen erzeugt werden, die zu unmäßigem Konsum

Frische Vanillestangen
aus Madagaskar

führen können. *Eberhard Schell* bedient sich stattdessen eines der ältesten, natürlichen Geschmacksverstärker der Welt, des Meersalzes und nimmt dabei natürlich nur vom besten »Fleur de Sel«. Das ist nur ein Beispiel für viele andere, nicht billige Zutaten, wie beispielsweise Safran, die in Verbindung mit den weltbesten Kakaobohnen erst die im Buch anregend vorgetragene Kombination von Schokolade und Wein ermöglichen. Vor dem Versuch, diese einmalige Geschmackswelt mit 08/15-Vollmilchschokolade und Industriewein mit ebenso wohlklingenden Namen, aber ohne jede Herkunfts- und Sortenangabe zu erreichen, kann ich nur ausdrücklich warnen!

Die Erfahrung aber, einen von Hand bei Minusgraden gelesenen Eiswein mit der oben beschriebenen mit Meersalz »gewürzten« Schokolade zu genießen, bleibt ein unvergessliches Erlebnis, zu dem uns der Autor führt. Herzlichen Dank, Eberhard!

Dein Otto Geisel

Eberhard Schell

Einleitung

Für einen Handwerker, und dazu zählt ja wohl auch der Konditor, hat der Volksmund eine Verhaltensregel, die glücklosen Kollegen aus der Schusterwerkstatt zu verdanken ist. Das Beschränken auf die jeweiligen »Leisten« wird jedoch dann außer Acht gelassen, wenn die Leidenschaft und ein mit viel Herzblut angereicherter Ehrgeiz ins Spiel kommen. Damit sind wird direkt bei meiner Passion angelangt.

Seit über 15 Jahren beschäftige ich mich mit »Wein und Schokolade«. Mit großer Freude durfte ich feststellen, dass ich mit meiner Begeisterung für diese beiden Gottesgeschenke nicht allein bin. Die Fangemeinde wird immer größer. Viele Liebhaber der glückssteigernden Sorgenbrecher wollen sie zusammen genießen, wissen aber nicht genau, wie sie damit beginnen und umgehen sollen. Schon viele Tausend Male wurde ich nach den Prinzipien gefragt, bei großen Veranstaltungen wie dem »Ball des Weines« in Wiesbaden und bei Firmen-Events mit 400 Gästen ebenso wie im eher intimeren Kreis des Arbeitstreffens der EU-Agrarminister. Auch viele neugierig gewordene Kunden wollen ganz genau wissen, welche Grundsätze zu beachten sind, sie verlangen nach speziellen Empfehlungen und möchten meine persönlichen Vorlieben kennenlernen.

Daher wurde die Bitte immer drängender, dass ich doch in einem Buch alle Informationen zusammenfassen solle, um eine Anleitung zu diesem »Genussabenteuer von Schokolade und Wein« in aller Ruhe nachlesen zu können. Ich hoffe, dass die erfahrenen Weinfreunde und Schoko-Freaks genauso nützliches Wissen und interessante Vorschläge finden wie die Neueinsteiger, denen ich Lust auf ein unvergessliches Geschmackserlebnis machen möchte. Dieses Thema ist so überaus vielschichtig und interessant, dass es ein Buch wert ist.

Schokolade und Wein – eine vorübergehende Zeiterscheinung oder sogar eine Verrücktheit einiger weniger verwöhnter Gourmands, die nach etwas Neuem gieren?

Nein, nein, nein. Schokolade und Wein mögen zwar eine außergewöhnliche Verbindung darstellen, aber sie gehören zusammen, als seien sie füreinander geschaffen worden!

Franzosen und Italiener haben diese Besonderheit schon seit Langem entdeckt. Inzwischen ist unter fast allen großen Sommeliers und vielen begeisterten Weinzähnen anerkannt, dass sich mithilfe von Wein und Schokolade die Lebensfreude auf genüssliche Weise steigern lässt. Einigermaßen neu ist allerdings, dass dieses sinnliche Erlebnis auch perfekt mit deutschen Weiß- und Rotweinen funktioniert.

Einmalig intensiv, extrem ist die Verbrüderung von Schokolade und Wein. Enorm lecker, geheimnisvoll, berauschend (aber nicht vom Alkohol), sinnlich, dunkel, exotisch, erotisch, abenteuerlich, entdeckungsfreudig – fast schon wie eine Expedition in den Urwald, aber weitaus weniger gefährlich.

Ich verspreche nicht zu viel: Sie werden Geschmack neu definieren. Bei dieser Herausforderung werden die Geschmacksnerven bestimmt Kapriolen schlagen und Achterbahn fahren. Sie werden Genuspirouetten drehen, die Aussicht genießen, aber auch mit Karacho zu Tal sausen. Eine Verkostung wird zur Entdeckung und zum puren Abenteuer werden. Wie bei allem sollte man üben, denn bekanntlich macht nur Übung den Meister. Geschmack lässt sich schulen, so wird man später sehr schnell ausloten können, welche Schokolade zu welchem Wein passt. Natürlich sind Überraschungen nie ausgeschlossen. Wer in diese einmalige Genusswelt eintauchen möchte, sollte dies zwar regelmäßig tun, aber sich dabei mäßigen, um die Geschmacksknospen nicht zu überanstrengen und den unschätzbaren Wert eines solchen Erlebnisses nicht zum alltäglichen Einerlei herabzuwürdigen.

Ich bin ganz sicher, dass Sie schon nach einigen »Übungen« überzeugt sind, dass sich kein anderes Genussmittel derart intensiv und komplex mit Wein verbinden kann wie Schokolade, im positiven, aber auch im negativen Sinne.

Noch ein wichtiger Aspekt kommt hinzu, sich auf dieses Zusammenspiel der so gegensätzlich scheinenden Partner einzulassen: Der Genuss von Schokolade und Wein ist gesund, richtig dosiert können beide das Leben verlängern. Auf jeden Fall bereiten sie dem irdischen Dasein mehr Spaß.

Sind das nicht alles gute Gründe, diese Besonderheit für sich zu entdecken?
Ich wünsche Ihnen viele spannende Genussabenteuer!

Eberhard Schell
Konditormeister und Chocolatier

Wein ist durchaus auch
eine Herzensangelegenheit.
Ihre Liebe zur Schokolade
könnte noch größer werden!

Wie der Wein in die Pralinen kam – oder der Weg zur Barriqueweintrüffel

»Wie kommt ein Konditor eigentlich zum Thema ›Schokolade und Wein‹?«, werde ich oft gefragt.

Es waren recht verschlungene Wege, die mich zu dieser Genussentdeckung führten. Natürlich bin ich schon einige Jahre Konditor und es war für mich auch nie eine Frage, einer zu werden. Mein Großvater hatte die Konditorei bereits in den Zwanziger Jahren des letzten Jahrhunderts gegründet, zudem verstand er sich auf den Weinbau. Als mein Vater den Betrieb 1970 übernahm, war es selbstverständlich, dass ich mithelfen musste. Sicher nicht immer freiwillig, denn es war teilweise schon recht öde, in der Backstube zu stehen, wenn die anderen Jungs unseres Städtchens sich auf dem Spielplatz austoben durften.

Die Mitarbeit als Teenager hat mich aber nicht so stark frustriert, dass ich nicht mehr den Beruf des Konditors erlernen und in die Fußstapfen der Vorväter treten wollte. Diese Entscheidung habe ich bis heute nicht bereut. Unsere Konditorei liegt in einer der schönsten Gegenden Deutschlands, wie jeder Lokalpatriot behauptet. Aber was unseren Landstrich zwischen Heilbronn und Heidelberg besonders schön und vielleicht auch einmalig macht, ist das größte erhaltene Schloss am Neckar, das im 12. Jahrhundert erbaut wurde und ab 1438 dem regionalen Repräsentanten des Deutschen Ordens als Residenz diente. Den Ordensleuten verdanken wir auch eine jahrhundertealte Weinbautradition. Die Lage »Gundelsheimer Himmelreich« gilt als steilster Weinberg Württembergs.

So wurde ich schon recht früh zweifach geprägt. Einmal durch das süße Handwerk der Eltern und Großeltern, zum anderen durch die Liebe zum Wein. Nicht dass ich vielleicht schon früh in dessen Abhängigkeit geraten wäre, auch wenn ich meine erste Weinprobe immerhin im zarten Alter von zwölf Jahren im Remstal mitmachte. Hin und wieder durfte ich mit meinem Opa in den Keller und aus dem Fass »schläucheln«. Aber alles geschah mit Maß und Verstand. Auf diese Weise hatte ich schon recht früh Kontakt zum »Getränk der Götter« und an leckeren Speisen dazu mangelte es im Familienbetrieb sowieso nicht.

Ende 1994 kam der Geschäftsführer der Weingärtnergenossenschaft Gundelsheim-Neckarsulm, *Erich Steinle,* auf mich zu und wollte für ein »Essigmenü« eine Süßspeise aus seinem Essig von mir kreiert haben. »Essig?«, fragte ich und schaute ihn ungläubig an. Ich hielt die Sache zunächst für einen verspäteten Aprilscherz. Allerdings muss ich zugeben, dass sich mein Wissen über Essig damals auf die Verwendung als Flüssigwürze für Salate beschränkte. Natürlich war mir auch bekannt, dass im süddeutschen Raum gerne mit Essig gekocht wird, Linsen mit Spätzle, saure Nierle, saure Kutteln und Sauerbraten sind ohne einen ordentlichen Schuss Essig gar nicht genießbar. Ebenso wusste ich, dass sich damit Kaffeemaschinen entkalken und Fenster streifenfrei putzen lassen. Doch der Winzer hatte meine Neugier geweckt. »Lass halt deine saure Brühe da, ich werde mir mal etwas überlegen«, sagte ich ihm.

Als ich mit erheblichen Bedenken die Flaschen öffnete, um ein paar winzige Tropfen wohl oder übel zu probieren, hatte ich das vollkommene Aha-Erlebnis. Diese Essige waren nicht sauer, wie allgemein angenommen wird. Sie hatten ein unvergleichliches Aroma, das bis dahin für ein Produkt aus meiner württembergischen Heimat völlig unbekannt war. Natürlich hatte ich schon gehört, dass es gute und teure Balsamico-Essige aus Modena gibt, aber dass unsere bodenständigen Winzer solche edlen Würzflüssigkeiten ebenfalls herstellen können, das war mir neu. Diese Essige waren etwas ganz Besonderes. Feinste Prädikatsweine wie Müller-Thurgau-Auslesen, Riesling-Spätlesen und Lemberger-Auslesen waren das Rohmaterial für diese köstlichen Stöffchen, die nur zum Aufpeppen eines Salats eigentlich viel zu schade waren. Diese Essige waren so außergewöhnlich und hochwertig, dass ich sie unbedingt mit den edelsten Schokoladen zusammenbringen musste.

Angetrieben von meinem Ehrgeiz, motiviert auch von einer Riesenportion Neugier, zog ich mich wieder einmal in mein Probierkämmerchen zurück. Mixte, rührte, fügte zusammen, bis die ersten Pralinentypen mit Weinessig entstanden. Jetzt brauchte ich nur noch ein paar mutige Probanden für meine neuesten Kreationen. Dafür Freiwillige zu finden, gestaltete sich wider Erwarten extrem schwierig. Denn jedes Mal, wenn ich freudestrahlend meine Trüffeln anbot, wichen alle Freunde und Bekannten sofort zwei Schritte zurück. Aber umsonst ist man ja nicht Chef – wer von meinen Mitarbeitern nicht freiwillig probierte, wurde mit der nötigen Autorität dazu auserkoren.

Gut ein halbes Jahr ging ins Land mit immer wieder anderen Kostproben. Ich war von meiner Mission zutiefst überzeugt, hier ein absolutes Novum, aber auch harmonisch Leckeres entstehen zu lassen. Ich stellte fest, dass die Gegenwehr meiner Familie und Mitarbeiter langsam nachgelassen hatte. Der Durchbruch stand unmittelbar bevor, als ich sogar gefragt wurde, ob ich nicht wieder etwas Neues zum Testen hätte.

Ich hatte fünf verschiedene Essigpralinen aus vier Auslese- und Spätlese-Essigen entwickelt. Als »Essigschleckerle« ließ ich sie vorsichtshalber patentieren. Damit war ich der erste Chocolatier, der in Deutschland überhaupt ein Patent für eine Praline erhielt. Normalerweise kann man auf Rezepturen keine Patente bekommen, aber mir kam ein Passus im deutschen Patentrecht zugute, dass »ungewöhnliche Zutaten eine neue Geschmackskomponente ergeben« müssen.

Davon ließ sich auch die Redaktion des »Guinessbuchs der Rekorde« überzeugen und nahm »die erste Patentpraline« in ihre berühmte Liste weltweit einmaliger Leistungen auf.

Wir präsentierten diese Erfindung erstmals zur Württembergischen Wein- und Sekt-
messe in Stuttgart. Viele Medienvertreter stürzten sich darauf, um über diese nie
zuvor gekannte, überraschend harmonische Kombination von Essig und Schokolade
zu berichten. Die Nachfrage war riesig und sie ist es noch heute.

Das »Essigschleckerle« war nur der Anfang, aber der Erfolg hat mich nicht auf Irrwege
geführt. Ich bin meiner Philosophie treu geblieben: »Versuche das Außergewöhnliche,
aber verlasse nicht den Pfad des guten Geschmacks.« Es gibt inzwischen alle mög-
lichen und unmöglichen Arten von Pralinen: Mit Senf, Meerrettich, Zwiebeln, Käse,
Bärlauch, Knoblauch und mehr. Kollegen versuchen sich an den abstrusesten Kombinationen, aber nicht unbedingt alles, was machbar ist, sollte auch ausgeführt werden.
Ich vergleiche diese Selbstbeschränkung mit der eines Seiltänzers. Solange er die
Balance zwischen Geschmack und Zutaten halten kann, darf er mit den Aromen
tanzen. Verliert er aber das Gleichgewicht, stürzt er unweigerlich ab.

Stillstand ist bekanntlich Rückschritt. Ich wollte mehr, deshalb habe ich mir gedacht,
was mit Weinessig geht, sollte mit Wein noch viel bessere Ergebnisse liefern können.
Mit dem Wein war ich ja wie berichtet seit früher Kindheit vertraut. Glücklicherweise
bin ich als Erwachsener auf den Geschmack gekommen und habe mir durch genuss-
volle Selbstversuche einiges an Weinwissen angeeignet.

Die Verbindung von Wein mit Süßspeisen war bis dahin eigentlich ohne große Bedeutung und in vielen Fällen nicht viel innovativer als die italiensche Zabaione, die im
Schwäbischen als Chaudeau-Sauce auf den Tisch kommt.

Pralinen mit Balsamessig

Diesen Missstand wollte ich beenden. Dazu holte ich mir das notwendige Know-how bei der Staatlichen Lehr- und Versuchsanstalt in Weinsberg, die in meinem Heimatort Gundelsheim rund zehn Hektar der besten Weinberge bewirtschaftet, insbesondere der renommiertesten Lage Himmelreich, bei deren Namen sich die Qualität schon erahnen lässt.

Direktor *Dr. Günter Bäder* und sein innovatives Team waren von meiner Idee begeistert, sie stellten mir viele verschiedene edle Gewächse aus ihrem Keller zur Verfügung, die ich für Pralinenproben verwenden konnte.

Ich wollte nicht irgendeine Praline, ich wollte die allererste Barriqueweintrüffel fertigen. Barriqueweine reifen in kleinen Eichenfässern. Dieser französische Stil war damals zwar nicht mehr ganz neu in Deutschland, doch die meisten Weingüter hatten wenig Erfahrung damit. Ich wollte die Besten und die hatte eben das Staatsweingut Weinsberg, das auch in einer ehrgeizigen Experimentiergruppe namens »Hades« mitmischte (der Name ist nur zufällig eine Anspielung auf den griechischen Gott der Unterwelt, in Wirklichkeit ist es eine Kombination aus den Anfangsbuchstaben der wagemutigen Pioniere: *Hohenlohe, Adelmann, Drautz-Able, Ellwanger, Sonnenhof*). Wie bei den »Essigschleckerle« folgte wiederum eine längere Zeit des Probierens, Mixens und Verschneidens von Schokolade und Wein. Rund 150 ganz unterschiedliche Trüffeln und Pralinen sind dabei entstanden. In zwei äußerst anstrengenden Sitzungen wurde diese Vielfalt verkostet. Acht Frauen und Männer des Staatsweinguts, ausgerüstet mit einem kleinen Löffelchen und einem Messer, saßen mit meiner Wenigkeit am Tisch, um herauszufinden, welche Pralinen am besten mit dem Wein harmonieren und welche Verbindungen das Aroma intensiv aufgenommen haben.

Es war geradezu eine Herkulesaufgabe, wenn man bedenkt, dass diese Fachleute sonst »nur« Wein zu degustieren gewohnt sind. Selbst für eingefleischte *Schokoholics* sind 80 Proben pro Durchgang nicht gerade üblich.

Aber das Unternehmen hat geklappt. Dank spezieller Degustations- und Bewertungslisten stand bald fest, welche Pralinen am besten gelungen sind und welche besser nicht auf den Markt kommen. Die Erschöpfung war dem Testerteam förmlich ins Gesicht geschrieben, aber ein seliges Lächeln war nicht zu übersehen, womit sich eben wieder einmal gezeigt hat, dass Schokolade glücklich macht.

Für mich war der Beweis erbracht: Schokolade und Wein passen hervorragend zusammen. Nun sollte es für uns auf diesem Weg weitergehen. Wir hatten eine Marktlücke entdeckt. Da die Verkaufserfolge und die Zufriedenheit der Kunden deutlich sichtbar waren, wurde mir klar, dass dies eine Nische für uns werden könnte und ich so Hobby und Beruf miteinander verknüpfen konnte. So boten wir unser Können auch anderen Weingütern an, die damit eine Besonderheit aus ihrem Wein bekommen und ihr Sortiment mit einem edlen Produkt bereichern konnten. Nicht nur Barriqueweine, auch edelsüße Weine, Sekte, Weinbrände und Tresterbrände veredeln wir zu feinen Pralinen. Sie wurden unser Hauptumsatzfaktor.

Inzwischen arbeiten wir für rund 150 Weingüter in allen 13 deutschen Anbaugebieten, auch Winzer aus Österreich und Italien gehören zu unseren Kunden. Intensiv kooperieren wir mit den führenden deutschen Betrieben, mit Mitgliedern des Verbands der Prädikatsweingüter ebenso wie mit angesehenen Genossenschaften und namhaften Privaterzeugern. Zum Deutschen Weininstitut und zu den besten Sommeliers wie *Claudia Stern, Natalie Lumpp, Christina Hilker, Markus Del Monego, Guntram Fahrner* und ihren Kollegen bestehen enge Beziehungen.

Die Pralinen haben meinen abwechslungsreichen Alltag als Handwerker noch mehr bereichert. Besonders spannend und einzigartig wurde aber die Arbeit mit Schokolade zum Wein. Hier entdeckte ich eine Vielfältigkeit, die einmalig ist und geradezu unerschöpflich in ihren geschmacklichen Kombinationsmöglichkeiten. Das ist der Grund für die Entstehung dieses Buches.

Zeit für eine Genussallianz

Warum Schokolade und Wein? Braucht man so etwas überhaupt – und warum?
Warum braucht man gutes Essen, guten Wein, gute Bücher, gute Musik und, und, und...?
All dies benötigt der Mensch nicht wirklich, um sein Fortkommen und Überleben
sicherzustellen. Aber: Die Welt wäre um viele Freuden ärmer. Ohne Schokolade und
Wein würden wunderbare Genusserfahrungen fehlen.

Sicher bin ich nicht der Erste, der Schokolade und Wein zusammenbringt, aber ich
darf bei aller Bescheidenheit behaupten, dass ich in Deutschland einer der Pioniere
bin, die sich diesem Thema professionell gewidmet haben.

Die Verbindung von Schokolade und Wein hat in einigen Ländern schon eine lange
Tradition, dieses Zusammenspiel gehört dort zur kulinarischen Kultur. Selbst in
England, wo von vorurteilsbeladenen Kontinentaleuropäern nicht gerade eine Hoch-
burg der Feinschmeckerei vermutet wird, kennt man dieses Genusserlebnis, denn
die Untertanen Ihrer Majestät lassen sich in erster Linie ausgesuchte Portweine zur
Schokolade munden. Edelherbe Schokoladen passen ja ausgezeichnet zu kräftigen,
aufgespriteten, also mit hochprozentigem Alkohol versetzten Weinen.

Auch in Spanien und Italien nimmt man schon seit vielen Jahren Schokolade zu
kräftigen Rotweinen. Insbesondere Weine aus La Rioja und dem Piemont sind dafür
bestens geeignet. Beide Volksgruppen geben dabei der dunklen Schokolade den
Vorzug. Zwar ist diese Vorliebe für die herberen Weinvarianten auch in Frankreich zu
finden, aber die Franzosen sind noch etwas experimentierfreudiger als ihre Nachbarn
am Mittelmeer und gönnen sich die dunkle Schokolade auch zu süßen und aufgespriteten Weinen. Hier sind vor allem Kreszenzen aus dem Roussillon und dem Bordelais,
z. B. aus Sauternes, gefragt.

In Deutschland erfreut sich die dunkle Schokolade erst seit kurzer Zeit wachsenden
Zuspruchs. Die Deutschen waren seit jeher Milchschokoladenesser und sind es in der
Mehrzahl auch heute noch. Deutschland ist in Sachen Schokolade noch immer ein
Entwicklungsland. Es vergreifen sich noch viele Erwachsene an heller Schokolade und
unseren Kindern wird wirklich gute Schokolade meist vorenthalten.

Fertigung der Weinpralinen (oben rechts & unten), weiße Schokolade (oben links)   >>

Reben des Staatsweinguts
Weinsberg / Württemberg

Das liegt daran, dass Deutschland leider keine Schokoladentradition besitzt und die Industrie vorgaukelte, dass Schokolade in erster Linie süß zu schmecken habe und billig sein müsse. Dies ist in den romanischen Ländern nicht der Fall, da die Schokolade von dort aus ihre Verbreitung fand und sowieso seit Generationen fester Bestandteil des kulturellen Lebens ist. Schon Kleinkinder werden von der Mama an kräftige und herbe Schokoladen gewöhnt.

Es ist also kein Wunder, dass sich zwischen Nordsee und Alpen kaum jemand mit der Verbindung von Schokolade und Wein ernsthaft auseinandersetzte. Dieser beklagenswerte Zustand wurde durch zwei Entwicklungen begünstigt. Zuerst wurde, wie bereits geschildert, viel zu lange kein großer Wert auf Qualität in der Schokoladenherstellung gelegt. In den Regalen liegen immer noch meist billige und vielfach auch minderwertige Tafeln, deren Verpackung wahrscheinlich der edelste Bestandteil ist. Außerdem war die Weinqualität in Deutschland leider über Jahre hinweg nicht gerade beglückend. Erst seit etwa 20 Jahren bemühen sich auch deutsche Winzer um ein hohes Niveau. Einige Weinmacher von der Ahr bis an den Neckar, von Meißen bis ins Markgräfler Land haben mittlerweile eine so unglaublich gute Qualität erreicht, dass es großen Spaß bereitet, den Geschmack dieser Gewächse zu entdecken und sie auch zusammen mit der passenden Schokolade auszuprobieren.

Glücklicherweise ist bei uns eine neue, eine lukullischere Epoche angebrochen. Man kann eindeutig sagen, dass die Zeit erst reif sein musste für die Genussabenteuer, zu denen ich heute ermutigen möchte. Insbesondere sind wir durch die Pioniere der feinen Kochkunst wie *Witzigmann, Roggendorf, die Brüder Müller, Wohlfahrt, Eiermann* und viele mehr auch in neue Geschmackstiefen vorgedrungen. Anerkannt werden muss natürlich auch der Richtungswechsel bei den Schokoladenherstellern, Chocolatiers und Konditoren, die sich in immer größerer Zahl einer kompromisslosen Qualität verschrieben haben. Die Voraussetzungen für die Verbindung von Schokolade und Wein sind ideal: Die Rohstoffe sind in reicher Zahl vorhanden, die Einstellung der Probanden stimmt. Das Abenteuer kann beginnen. Gerade deutsche Weine sind prädestiniert für diese Genussallianz. Was in deutschen Kellern ausgebaut wird, ist unglaublich vielschichtig, aromatisch, blumig, intensiv und auch filigran. Daher eignen sich Riesling und Co. besonders gut für das Zusammenspiel der Aromen. Kommt internationale Vielfalt hinzu, müssen Sie sich auf wahre Geschmacksexplosionen gefasst machen.

Die Verbindung von
Wein und Schokolade

Wein und Schokolade haben unendlich viele Gemeinsamkeiten. Angefangen beim Wachstum in einer bestimmten geografischen Lage über das Terroir, die Sortenvielfalt, Anbaumethoden, Gärung, Verarbeitung bis hin zur Geruchs- und Geschmacksvielfalt – überall findet man Parallelen, auch bei der Mystik, der Religion und der kulturhistorischen Bedeutung. Kein anderes Lebensmittel hat über Jahrtausende solch einen Kultstatus erreicht.

Götterspeise und Göttergetränk

Dem Kakaobaum hat der schwedische Naturwissenschaftler *Carl von Linné,* der Gründer der modernen Botanik, den lateinischen Namen Theobroma cacao gegeben, dies bedeutet »Speise der Götter«. Göttlich ist seine Entstehung. In der Mythologie der Azteken (13. bis 16. Jahrhundert) war er der Baum der Erkenntnis, den der erschaffende Gott der Indios, *Quetzalcoatl* (die Endung »atl« steht für Wasser, aus dem alles Leben entsteht), dem Menschen schenkte. Doch schon viel früher, in der vorklassischen Periode um 1 500 v. Chr., war die Schokolade bei den Olmeken in Mittelamerika im wahrsten Sinne des Wortes in aller Munde. *Kakawa* stammt aus ihrer Sprache, aus der unser Wort Kakao wurde, das übrigens von den meisten anderen indianischen Stämmen wie den Tolteken, Mayas und Azteken übernommen wurde.

Beim Wein war es ganz ähnlich. Allerdings lassen sich seine Wurzeln noch länger nachweisen. Archäologen fanden am Schwarzen Meer Traubenreste in Trinkgefäßen, die sie auf 6 000 v. Chr. datierten. Die ersten schriftlichen Zeugnisse sind in Keilschrift überliefert. Im Gesetzbuch des babylonischen Königs *Hammurapi* (1728–1684 v. Chr.) wurde die Steuerlast für Wein festgehalten. Als heilig wurde der Wein unter den Griechen verehrt: *Dionysos*, ein Sohn des Göttervaters *Zeus*, wurde als Gott des Weines verehrt. Mit Bacchus verehrten die Römer den gleichen Weingott. Feste zu seinen Ehren und zum Lobpreis der von ihm beschützten Produkte wurden als Bacchanalien ziemlich ausschweifend gefeiert. Doch nicht nur im Nahen Osten und Südeuropa wurden Weingötter verehrt. Die Chinesen können wahrscheinlich auf eine der ältesten Weinkulturen stolz sein. Archäologische Funde gehen bis in die Jungsteinzeit zurück. Die Weingötter *Yidi* und *Duhang* wurden schon 2 000 v. Chr. in der Xia-Dynastie angebetet, bevor sie vom Buddhismus verboten wurden. Ganz anders im Judentum. *Joshua* und *Kaleb* brachten die Traube aus dem Lande Kanaan zu *Moses*, um das Gelobte Land für das jüdische Volk in Besitz zu nehmen. Im Christentum wird die Bedeutung des Weines noch viel sakraler. In der Bibel sind Wein und Weinberg über 200-mal erwähnt. Wein steht für das Blut des Gottessohnes, *Jesus Christus.* Ohne den Wein hätten die evangelischen Christen kein Abendmahl und die katholischen Christen keine Eucharistie.

So wertvoll sind Schokolade und Wein

Der Wert des Kakaos war für die Indios so hoch, dass die Kakaobohne als Zahlungs-mittel eingesetzt wurde. Für 13 Bohnen konnte man ein als Leckerbissen geschätztes Meerschweinchen erstehen. 100 Bohnen mussten für die Liebesdienste einer Frau hingelegt werden. Eine Sklavin wurde für 1 000 Bohnen verkauft. Das Wichtigste für die indigenen Völker waren Nährwert und Geschmack der Kakaosamen, die ernäh-rungsphysiologisch gesehen eine Powerbohne waren: Sie spendeten wertvolle Energie durch ihren hohen Fettanteil sowie sämtliche Mineralstoffe und Vitamine.

Auch der Wein konnte bis ins späte Mittelalter das Geld ersetzen – und war damit so etwas wie eine flüssige Währung. Die Heimatchronik von Gundelsheim berichtet, dass die Ritter des Deutschordens Wein aus dem Gundelsheimer Himmelreich nach Wien an die Tafel des Kaisers schickten, um ihre Steuern zu bezahlen. Wein war für viele Generationen ebenso wie die Kakaobohne ein wichtiges Handels-, Tausch- und Wirtschaftsgut. Eine wertvolle Ware von existenzieller Bedeutung für etliche Berufs-stände sind Wein und Kakao noch heute.

Die Herkunft von Kakao und Wein

Die Wiege der Theobroma cacao vermuten Wissenschaftler in Südamerika, genauer, im oberen Amazonasbecken. Theobroma-Pflanzen gehören zur Familie der Malven-gewächse, die Unterfamilie nennt sich Byttnerioideae, aus deren verschiedenen Gattungen die Kakaobäume (Theobroma) stammen. Die innerhalb dieser 20 Arten umfassenden Gattung bedeutendste ist Theobroma cacao. Vom Amazonasgebiet aus verbreitete sie sich in ganz Südamerika und begann ihren Siegeszug in Richtung Mit-telamerika. Der Beginn der Kultivierung der Kakaopflanze ist den Mayas um das Jahr 600 auf der Halbinsel Yucatan zu verdanken. Sie trieben großzügig Handel, so wurde die Pflanze im mittelamerikanischen und karibischen Raum verbreitet und bald hei-misch. Für die nachfolgenden Völker der Tolteken und Azteken bis hinunter ins Reich der Inkas war die Kakaobohne ein wichtiges Kultobjekt und unverzichtbarer Rohstoff.

Bei der Rebe liegen die Wurzeln ihrer Herkunft nicht so offen. Teilweise wird ver-mutet, dass sie aus Kleinasien stammt und sich über die alten Hochkulturen der Babylonier und Ägypter bis nach Griechenland und in den römischen Kulturkreis

Criollo-Kakaofrüchte auf Kuba

ausgedehnt hat. Das dürfte aber nur teilweise stimmen. Denn die Urform der wilden Rebe *Vitis sylvestris* stammt wahrscheinlich aus dem heutigen Amerika. Bevor sich die Erdteile in ihren heutigen Formen gebildet haben, hat sie sich vermutlich über die langsam entstehenden Kontinente ausgebreitet. Urreben wurden daher auch in der Schweiz, Deutschland, Nordeuropa und Südengland nachgewiesen; diese Samenfunde sind bis zu 60 Millionen Jahre alt. Es ist also nicht verwunderlich, dass einzelne Wissenschaftler sogar die Auffassung vertreten, dass diese Urrebe mit der Theobroma cacao verwandt ist. Sicher ist nur, dass die frostempfindliche Pflanze während der Eiszeit in den kalten Gefilden ausgestorben ist und erst später, teilweise durch Zugvögel, wieder verbreitet wurde. Aus dieser wilden Urform entwickelte sich die kultivierte Rebe *Vitis vinivera*.

Auf alten Zeichnungen der Ägypter ist die Kultivierung von Reben seit ungefähr 2 800 v. Chr. bezeugt. Unter der mehr als 60 Meter hohen Stufenpyramide von Sakkara hat sich *Pharao Djoser* um 2 650 v. Chr. einen Weinkeller und Magazinräume einrichten lassen. Zur Zeit von *Homer,* um 800 v. Chr., hatte bei den Hellenen die Weinkultivierung schon die erste Blüte erreicht. Die Griechen verbreiteten den Weinbau im gesamten Mittelmeerraum. Mit den Römern kam dann der gezielte Weinbau auch in die wärmeren Gefilde des heutigen Deutschlands. Im Jahr 100 n. Chr. führte der Historiker und Botanikexperte *Plinius* bereits über 90 Sorten auf.

Kultur und Genuss

Großen Anteil an der Kultivierung der Rebsorten hatten im frühen bis späten Mittelalter die Klöster. Sie waren die Bewahrer des Wissens und der Kultur in einer recht
rauen und kriegerischen Zeit. In Abteien wurden die Anbaumethoden und die Keller-
wirtschaft verfeinert und ausgearbeitet, damit der Wein zu einem Getränk wurde, wie
wir es heute kennen. Insbesondere *Karl der Große* ließ schon um das Jahr 800 genaue
Regeln und Gesetze formulieren, was den Anbau von Reben und die Verarbeitung der
Trauben betraf. »Fränkische« Sorten wurden gefördert, die »hunnischen« – wie man
minderwertige Sorten nannte – hatte der Kaiser mit dem ausgeprägten Sinn für eine
florierende Landwirtschaft verboten. Der Wein hatte bei uns im Mittelalter die gleiche
Bedeutung wie die Kakaopflanze bei den Indianern. In Deutschland hatte sich der
Weinbau zwischen dem 12. und 17. Jahrhundert auf rund 300 000 Hektar ausgedehnt,
das entspricht rund dem Dreifachen der heutigen Rebfläche. Der Wein früherer Zeiten
enthielt nicht so viel Alkohol und hatte mit Sicherheit nicht die Qualität von heute,
aber er war ein allseits geschätztes Getränk und in der Beliebtheit dem Bier weit
überlegen.

Getrocknete Kakaobohnen, bereit zur Fermentation (links) und Kakaopflanze auf Kuba (rechts)

Ähnlich verhält es sich beim Kakao: Die Indios genossen die Schokolade ganz anders
als wir dies heute zu tun pflegen. Schokolade wurde fast ausnahmslos getrunken.
Das Wort *xocoatel* oder *xocolatl*, das die Azteken prägten, ist Ausdruck dieser Sitte
und bedeutet »bitteres Wasser«. Es hat bis in unsere Zeit überdauert und wurde zur
Schokolade. Die Bohnen wurden geröstet und dann zerstampft, danach mit Maisbrei

oder Wasser gemischt. Abgeschmeckt wurde die Mischung mit sehr scharfen Gewürzen. Dann wurde die *xocoatel* schaumig gerührt und geschlagen. Es gab spezielle Kultkrüge dafür, aus denen die Indios die flüssige Labsal aus einem Meter Höhe permanent umgossen, damit sich die Kakaobutter absetzen konnte und einen weißen Schaum bildete, der ihnen besonders köstlich mundete.

Der italienische Chronist *Girolamo Benzoni,* der 1542 mit den spanischen Eroberern ins Land der Azteken und Inkas kam, ließ kein gutes Haar an der Kakaobohne und ihrer Verwendung. Er schrieb: »Die Xocoatel schien eher eine Brühe für Schweine zu sein als für die Menschheit.« Der Sohn eines Mailänder Kaufmanns wollte offenbar nicht gebührend loben, was er nicht kannte. Aber anderes ist ja auch kaum zu erwarten, gehörte er doch zum Gefolge der Invasoren, die auch vor der Zerstörung von Goldschätzen nicht zurückschreckten.

Wie in Europa beim Wein, so zeigte sich in Mittelamerika bei der Schokolade der kulinarische Einfallsreichtum der Klöster. 1560 bereiteten erstmals Nonnen aus einem Kloster in Oaxaca auf der Halbinsel Yucatan die *xocoatel* zu und vermengten sie mit Rohrzucker und Orangenblüten. Außerdem tranken sie diese nicht wie die Indios lauwarm oder kalt, sondern sie bevorzugten den heißen Genuss. Von nun an war der Siegeszug der Schokolade nicht mehr aufzuhalten. Insbesondere in Süd- und Mittelamerika, wo sich Europäer und Eingeborene vermischten, war Schokolade eine tägliche Kost. Es ging sogar so weit, dass sich die spanischen Damen während der Gottesdienste von ihren Dienern Kakao bringen ließen, um die anstrengenden, manchmal mehr als zwei Stunden dauernden Messen zu überstehen.

Dieses Verhalten brachte den Bischof von Chiapas in Mexiko, *Don Bernardo de Salazar,* allerdings so in Rage, dass er den Schokoladengenuss in seiner Kirche verbot. Er drohte sogar mit Exkommunikation, falls jemand gegen sein Gebot verstoßen sollte. Er hatte die Rechnung freilich nicht ohne die frühen Schokoholics gemacht: Viele Schäflein suchten sich eben ein anderes Gotteshaus, in dem der Genuss ungestraft fortgesetzt werden konnte. Seine Eminenz wollte verständlicherweise nicht vor leeren Bänken predigen. Deshalb weitete er die Androhung der Exkommunikation auf die anderen Kirchen und Klöster aus. Seine radikale Einstellung wurde ihm zum Verhängnis, denn sein Leibdiener wurde als Mörder gedungen, der seinen Herrn mit vergifteter Schokolade umbrachte. *Salazars* Nachfolger setzte das Interdikt außer Kraft, wahrscheinlich wollte er etwas länger leben als sein Vorgänger – oder er war selbst ein Schokoholic.

Schokoladenkännchen

Trembleuse

Trembleuse

In der ersten Hälfte des 17. Jahrhunderts entwickelte sich die Schokolade zum Lieblingsgetränk des spanischen Königshofes und des spanischen Adels. Von hier aus wurde sie zum Modegetränk an allen europäischen Höfen und Fürstenhäusern. Noch heute ist die Trinkschokolade spanisches Nationalgetränk. Doch bis dahin war es ein langer Weg, auf dem einige Hürden genommen werden mussten. Nicht nur, dass Schokolade für das einfache Bürgertum noch unerschwinglich war – auch die Kirche hatte ein Wörtchen mitzureden. Fast 200 Jahre lang suchten sieben Päpste eine Antwort auf die wichtige Frage: »Ist die Schokolade eine Speise oder ein Getränk?« Wäre sie Ersteres, würde sie unter das Fastengesetz fallen, wäre sie jedoch ein Getränk, müsste auf sie auch in der Fastenzeit nicht verzichtet werden. *Papst Benedikt XIV.* (1675–1758) setzte einen Schlussstrich unter diese Diskussion. Er war von Schokolade nicht begeistert, daher konnte er sich nicht vorstellen, dass man damit die Fastengesetze brechen könnte, und zudem würde die Schokolade noch getrunken werden. Folglich verbot er das Verbot. Nun hatte die Schokolade ihre Gleichstellung mit Wein, sie durfte auch in der Fastenzeit ohne Reue und Angst vor Sündenstrafen konsumiert werden.

Wein ist nicht nur ein sakrales und kulturelles Gut, Wein wird schon seit Jahrtausenden zelebriert. Dazu gehörten prunkvolle Becher, Pokale oder Gläser aus edlen Materialien wie Gold, Silber oder Kristall, teilweise sogar mit Edelsteinen geschmückt. Dies geschieht noch heute. Einen guten Wein ohne das richtige Glas zu servieren, ist ein Sakrileg. Ebenso ist natürlich das Aufbewahren der Flaschen in speziellen Kellern oder Klimaschränken unerlässlich. Auch das Öffnen der Flaschen mit bestimmten Korkenziehern, Sommelierbestecken, Hülsenschneidern, das Einfüllen in besondere und wertvolle Dekantierer und vieles mehr, all dies gehört zum Ritual. Nicht zu vergessen sind die richtige Atmosphäre, Temperatur und Stimmung für den Weingenuss.

Ebenso hochwertig wurde die Schokolade zelebriert. Zu Beginn ihres Siegeszuges durch die Königshäuser fertigte man eigens dafür goldene Kännchen und Tassen. Später, als das weiße Gold, das europäische Porzellan, in Deutschland erfunden worden war, stellte man daraus spezielle kostbare Kännchen und Tässchen her.

Deren kleine Teller enthielten ein separates, frei schwingendes Körbchen, in dem eine Tasse mit einem Deckel stand, damit man die Tasse bei den vornehmen Konversationen in den prunkvollen Sälen nicht umstürzte. Zudem wurde durch die sogenannten Trembleuses (vom französischen trembler: zittern) verhindert, dass die Schokolade gar eine Haut bildete oder auskühlte. Diese Tassen aus dem 18. Jahrhundert werden noch heute in der Meissner Porzellanmanufaktur gefertigt. Als Ende des 18. Jahrhunderts Schokolade erschwinglicher wurde und sich das reiche Bürgertum nun den flüssigen Luxus leisten konnte, wurde auch dort besonders schönes Schokoladengeschirr angeschafft. Das Schokoladenservice von *Johann Wolfgang von Goethe* ist heute noch zu sehen. Der Konsum von Schokolade war beträchtlich, so erzählt man sich, dass die französische Königin *Marie Antoinette* bis zu 60 Tassen täglich schlürfte. *Friedrich Schiller* war wie *Goethe* ein *Schokoholic* – und beide waren auch dem Wein nicht abgeneigt, den sie in ausreichender Menge und guter Qualität zu sich nahmen.

Doch wurde Schokolade nicht nur zum Genuss verzehrt, auch als Medizin fand sie bald weite Beachtung. Von *Kardinal Richelieu* ist bekannt, dass er sich damit Heilung von seinen Milzbeschwerden erhoffte. Auch fiebersenkende Eigenschaften wurden der Schokolade zugesprochen. Insbesondere in Deutschland wurde sie als stärkende Medizin in Apotheken verkauft. Dem großen Entdecker *Alexander von Humboldt* ist die wegweisende Erkenntnis zu verdanken:

»Kein zweites Mal hat die Natur eine solche Fülle an wertvollen Nährstoffen auf so einem kleinen Raum zusammengedrängt wie in der Kakaobohne.«

Auf den gesundheitlichen Aspekt von Schokolade werden wir später ebenso wie auf den von Wein noch detaillierter eingehen, denn auch der Wein wurde damals wie heute als Medizin gegen viele Krankheiten eingenommen. Die Verbreitung in Europa verdankt der Wein den Babyloniern und Ägyptern, als er seinen Siegeszug über

Griechenland bis ins alte Rom fortsetzte. Vor allem die Römer bereicherten mit der Kulturrebe halb Europa; von dort zog sie in die »Neue Welt« von Nord- und Südamerika bis nach Südafrika. Heute ist sie auch in Asien und Australien zu Hause, selbst Neuseeland entwickelt sich zur Weinnation.

Auch der Kakao beschränkte sich nicht auf seinen ursprünglichen Standort. Die Pflanze wurde ausgehend vom oberen Amazonasbecken durch die indianischen Kulturen nach Mittelamerika und auf die karibischen Inseln gebracht. Erst die Eroberer und Kolonisten aus Spanien, Portugal, Frankreich, Holland und England brachten die Kakaopflanze seit dem ausgehenden 16. Jahrhundert in fast alle dafür geeigneten Wachstumszonen. Die ersten Kakaopflanzen gelangten unter den Portugiesen über São Tomé nach Westafrika. Diese reagierten damit auf zunehmende Probleme beim Sklavenhandel. Weil sie in Südamerika ihre menschliche Ware nicht mehr straflos absetzen konnten, legten sie dort Plantagen an, wo es die billigsten Arbeitskräfte gab. Während der Kolonialzeit Ende des 19. Jahrhunderts wurde diese Politik erheblich intensiviert, ganz besonders Westafrika entwickelte sich so zum Hauptanbaugebiet von Konsumkakao. Aber interessanterweise kann kein Land Afrikas auf eine Schokoladenkultur verweisen. Kakao ist bei den Einheimischen ein Produkt für den weißen Mann, aber auch ein Zeugnis der Unterdrückung und Ausbeutung. Die Elfenbeinküste ist geprägt von riesigen Monokulturen, die wenigen Großgrundbesitzern gehören. In Ghana wiederum sind die Plantagen meist in kleine Parzellen unterteilt, die von Kleinbauern bewirtschaftet werden. In Mittelamerika und Asien betreiben zumeist ebenfalls Kleinbauern die vielen Kakaopflanzungen. Zur besseren Vermarktung haben sie sich in Kooperativen zusammengeschlossen.

Geografische Gemeinsamkeiten

Der Kakaobaum hat eine geografisch genau begrenzte Wachstumszone. Diese liegt 23° südlich und 23° nördlich des Äquators, verteilt auf drei Erdteile: Mittel- und Südamerika mit Mexiko, Santo Domingo, Costa Rica, Panama, Ecuador, Venezuela, Kolumbien, Peru, Bolivien, Guatemala, Honduras, Nicaragua und Brasilien; den karibischen Inseln Kuba, Jamaika, Haiti, die Dominikanischen Republik, Grenada, Trinidad und Tobago sowie die zu den USA gehörende Insel Hawaii im Nordpazifik.

In Asien sind es hauptsächlich Indonesien, Papua-Neuguinea, Java, Indien, Thailand, Malaysia, Sri Lanka, die Philippinen sowie Inseln in der Südsee wie Vanuatu, Samoa, Fidschi und die Salomon-Inseln. In Afrika gibt es bedeutende Anbaugebiete in Äquatorial-Guinea, Elfenbeinküste, Ghana, Kamerun, Nigeria, Togo, Sierra Leone, Tansania, Liberia, Kongo, Uganda, Gabun, Zaire, Benin sowie auf den Inseln Madagaskar und São Tomé.

Beim Wein haben wir ebenfalls ein geografisch genau definiertes Gebiet zwischen dem 30. und 50. Breitengrad der nördlichen Hemisphäre und zwischen dem 30. und 40. Grad südlicher Breite. Wein wächst auf allen fünf Kontinenten in diesem Gürtel, der die besten klimatischen Bedingungen bietet. Die Rebenzone wird sich wegen der Klimaveränderung noch ausweiten, Experten rechnen damit, dass eines Tages bis hin zum 55. oder gar 58. Breitengrad Winzer ihr Auskommen haben werden. Vorausschauende Manager von Champagnerkellereien haben sich daher schon heute in Südengland eingekauft, auch Polen will auf dem Weinmarkt mitmischen und hat dafür 100 000 Hektar bei der Europäischen Union beantragt.

Das Terroir – wichtig für Wein wie Kakao

Dem Terroir fällt bei Wein und Schokolade eine ganz wichtige Rolle zu. Schmeckt ein Riesling in Baden völlig anders als im Rheingau oder an der Mosel, dann hat dies mit dem Kleinklima und den Bodenverhältnissen zu tun. Der Boden bringt viele neue Geschmackskomponenten in den Wein ein. Hier ist zum Beispiel die Mineralität ganz wichtig. Ein Riesling, der auf Schiefergestein wächst, hat eine völlig andere Aromennote als ein Riesling auf Muschelkalk oder Löss. Diese Komponente zieht sich durch

Forastero-Kakao aus
Ghana kurz vor der Ernte

Plantage mit Kakaobäumen (im Vordergrund) und Weinberge in Steillage (rechts)

alle Weine, ausgenommen sind industriell hergestellte Designerprodukte, die als geschmackliche Einheitssoße zusammengemischt und unter Einsatz von Chemie trinkgerecht gemacht werden.

Bei der Schokolade ist es ähnlich: Werden Kakaobohnen gleicher Sorte aus zehn verschiedenen Ländern auf die gleiche Weise zubereitet, bekommt man zehn unterschiedlich schmeckende Schokoladen. Man schmeckt die Herkunft der Bohnen und geübte Zungen können die verschiedenen Geschmackseigenschaften differenzieren.

Es ist verblüffend, wie unterschiedlich und vielfältig die Schokoladen aus den verschiedenen Ländern sein können. Eine Lagenschokolade aus Tansania ist kraftvoll, herb, kräftig, sie erinnert an Waldboden und Himbeeren, hat eine kräftige Säure. Eine Lagenschokolade aus Kuba dagegen ist intensiv im Ausdruck, aromareich und lässt sogar feine Tabaknoten erkennen, nicht etwa weil im Land der feinen Zigarren getrocknete Tabakblätter bei der Herstellung der Schokolade verwendet worden wären, sondern weil der Charakter, die »Typizität« des Bodens, voll zum Ausdruck kommt. Für die meisten kakaoerzeugenden Länder gibt es solche geschmacklichen Besonderheiten.

Sorten, Vielfalt, Anbau und Klima

Wir kennen rund 10 000 Rebsorten, von denen heute circa 2 500 von A wie Auxerrois bis Z wie Zweigelt weltweit im Anbau zugelassen sind. Alle haben ihren ganz eigenen Charakter. Sie unterscheiden sich teilweise extrem, im Aussehen und vor allem im Geschmack der Trauben. Auch der Anbau und die Bodenverhältnisse sind je nach Sorte unterschiedlich. Die Anbaumenge und Sortenvielfalt ist immens und vielschichtig. Hier im Einzelnen darauf einzugehen, würde den Rahmen des Buches sprengen.

Bei der Kakaobohne unterscheiden wir drei Gattungen: Die *Forastero*, die *Trinitario* und die *Criollo*. Eine besondere Sorte ist die *Nacional*, die ausschließlich in Ecuador beheimatet ist. Diese vier Kakaos unterteilen sich wiederum in viele Einzelsorten, die sich in Aussehen, Form und Farbe der Schoten und Früchte unterscheiden. Von Gelb, Grün, Braun, sämtlichen Arten von Rottönen bis Violett, Karmesin und Purpur findet man alle Farben. Ebenso unterschiedlich sind Qualität und Geschmack.

Während die Rebe magere bis steinige Böden schätzt, in denen die Wurzeln einige Meter tief in den Untergrund dringen können, und somit intensive Aromen und Mineralität in die Frucht bekommen, ist es bei der Kakaopflanze genau umgekehrt. Sie braucht fette, organische und humusreiche Böden. Bei der Rebe können sich die Wurzeln bis zu zehn Meter tief verzweigen, die Kakaopflanze begnügt sich mit rund zwei Metern Tiefe. Die Wasserversorgung beim Kakaobaum muss gewährleistet sein, da die Pflanze einen großen Wasserbedarf hat. Der Boden muss so beschaffen sein, dass er größere Wassermengen aufnehmen kann. Dies erfolgt in erster Linie durch eine dicke Lehm- oder Tonschicht unter dem Humus. Die Rebe braucht natürlich auch Feuchtigkeit, aber speziell ältere Reben mit einer tiefen Wurzelstruktur können sich auch in tiefen Bodenschichten bedienen.

Optimale Wachstumstemperaturen sind bei den Kakaopflanzen im Durchschnitt rund 25 °C, Temperaturschwankungen mögen sie nicht. Die Temperaturen sollten nicht über 35 °C steigen und nicht unter 15 °C fallen. Die Pflanze reagiert auf direkte Sonneneinstrahlung sehr empfindlich, sie ist ein Schattengewächs und fühlt sich deshalb im Schatten von größeren Bäumen wohl. Die jährliche Niederschlagsmenge muss zwischen 1 500 und 2 000 mm liegen, also handelt es sich um eine echte Urwaldpflanze, die subtropische, feuchte Klimabedingungen benötigt. Theoretisch können die Kakaobäume bis zu 15 Meter hoch werden. Auf den Plantagen lässt man

Muskateller

sie maximal zwischen vier und acht Meter hoch wachsen, damit die Ernte sich nicht zu schwierig gestaltet. Dort werden meist Bananenstauden, Palmen oder Mahagonibäume, je nach Größe der Kakaobäume, als Schattenspender eingesetzt.

Unsere Reben lechzen geradezu nach Wärme für die optimale Reife der Trauben. Zwar darf die Sonne die Trauben nicht verbrennen, aber grundsätzlich gilt eine einfache Regel: Je sonniger die Lage, umso besser die Qualität. Viele Weinberge sind deswegen nach Süden ausgerichtet. Das Mikroklima ist von großer Wichtigkeit für den Geschmack des Weines. Die Rebe braucht das Wechselspiel der Temperaturen, denn diese bestimmen die Fruchtigkeit und das Aroma der Trauben. Warme, sonnige Tage und kühle Abendtemperaturen sind ideale Bedingungen. Dies gilt für deutsche Rieslinge in besonderem Maß. Nur so kann die außergewöhnliche Fruchtigkeit und Vielfalt von Aromen entstehen. Doch ohne ausreichenden Regen gibt es keinen guten Wein, sonst würden die besten Trauben in der Sahara gedeihen. Reben benötigen eine jährliche, richtig verteilte Mindestniederschlagsmenge von 400–600 mm, und zwischen 1 600 und 2 000 Stunden Sonnenschein. Der Niederschlag ist vor allem in der Wachstumsperiode für die Traubenentwicklung sehr wichtig. Der Rebanbau ist vom Meeresrand bis in Bergeshöhen von 1 400 Metern möglich. Die Kakaopflanze dagegen kann je nach Nähe zum Äquator bis auf rund 1 100 Meter klettern.

Qualität ist nicht nur ein Wort

Die Qualität der Traube und des Weines wird – anders als beim Kakaobaum – in erster Linie durch die Arbeit im Weinberg bestimmt sowie vom Klima und vom Boden. Nur gesundes Lesegut kann auch gute Weine hervorbringen. Den meisten Winzern bleibt der Einsatz von Herbiziden und Fungiziden nicht erspart, da es häufig zu Pilzerkrankungen wie Peronospora oder Mehltau kommt. Auch Schädlinge wie der Sauerwurm sind nicht selten. Es gibt zwar pilz- und krankheitsresistente Rebsorten, aber diese kommen im Geschmack meist nicht an die großen Rebsorten heran. Besonderer Augenmerk gilt der Ertragsmenge: Je mehr Trauben an einem Weinstock reifen, umso schlechter wird die Qualität. Die Weine werden dünn, wässrig und ausdrucksschwach. In Deutschland dürfen bis zu 110 kg von einem Ar Weinbaufläche gelesen werden, viele Qualitätswinzer beschränken sich oft auf 50, allenfalls 80 kg. Dann können sich Extrakt und Aromastoffe in den Trauben voll entfalten. Früher wurden bis zu 200 kg Trauben pro Ar geerntet. Man kann sich lebhaft vorstellen, welch blasse und ausdruckslose Flüssigkeit da entstanden ist, die den Namen Wein eigentlich nicht verdiente.

Spätburgunder zur Ernte

Wespenfalle

Qualität lässt sich bei der Kakaopflanze nur aus der Sorte ziehen, aber nicht durch Ausdünnung an der Pflanze. Zwar gibt es auch hier Ernte- und Ertragsunterschiede, meist durch Unwetterschäden, Schädlingsbefall oder Erkrankungen wie Schwarzfäule oder den sogenannten Hexenbesen, eine Pilzerkrankung, welche die Früchte am Baum vertrocknen und absterben lässt.

Wie bei der Weinrebe benötigen Neuanlagen von Kakaopflanzungen ebenfalls vier bis fünf Jahre, um die erste richtige Ernte einfahren zu können.

Anders aber als bei der Rebe, bei der die Ruten vom Hauptstamm abgehen und die Frucht an den Zweigen reift, wächst beim Kakaobaum die Blüte direkt am Hauptstamm und den Hauptästen.

Die Blütezeit der Rebe in unseren Gefilden ist meist im Juni, die Ernte beginnt Ende September und dauert je nach Witterung sogar bis in den November hinein. Bei Eiswein, der höchsten Qualitätsstufe, verhält es sich anders, hier wird keine Reife mehr benötigt, sondern das Fruchtwasser muss bei mindestens 7 °C gefroren sein, um den reinen, nicht gefrorenen Extrakt und die Zuckerstoffe aus den verschrumpelten Beeren zu pressen.

Aussehen und Bestimmung

Der Kakaobaum hat – ähnlich wie die Zitrusbäume – Blüte, halbreife und reife Früchte zur gleichen Zeit. Von rund 7 000 Blüten, die ein Baum im Zyklus trägt, reifen im Durchschnitt bei gutem Ertrag zwischen 40 und 70 Früchte. Bei den meisten auf Masse ausgelegten Sorten werden bis zu 100 Früchte gezählt. Die Blüten erinnern an jene der Fuchsie oder kleiner Orchideen. Die Fruchtformen werden in vier verschiedene Typen eingeteilt:

Fruchtformen

Amelonado	Erinnert stark an längliche Melonen, hat Einkerbungen und auch einige der typischen Warzen sowie eine abgerundete Fruchtspitze. Die Forastero-Früchte zeigen meist dieses Aussehen.
Cundeamor	Dieser Typ hat einen ausgeprägten Flaschenhals mit der typischen gewarzten Schale und gekerbter Schote, die ebenfalls in eine Melonenform übergeht. Die Fruchtspitze erinnert an eine Brustwarze. Diesen Formtyp weisen fast ausschließlich Criollos auf.
Angoleta	Die Form erinnert an ein Kinderzäpfchen in überdimensionaler Größe, ist ebenfalls gekerbt und mit Warzen versehen.
Calabacillo	Die Frucht hat eine relativ glatte Schale und gleicht einem Kürbis, wie ihr spanischer Name schon ausdrückt. Alle diese Formen zeigen in den einzelnen Reifestadien ein fantastisches Farbenspiel. Die Größe der Schoten, Kürbisse oder Melonen, wie man sie nennt, beträgt ca. 25 bis 35 cm und enthält zwischen 35 und 45 Samenkerne, die von der sogenannten Pulpa umschlossen sind. Dieses Fruchtfleisch schmeckt süß mit einer, logisch, leichten Kakaonote. Die südamerikanischen Kakaopflanzer stellen teilweise aus diesem Rohstoff einen Wein her. Bei der Kakaoproduktion wird die Pulpa aber zur Gärung und Fermentierung der Bohnen benötigt.

Das Hauptkriterium für Qualität bei der Kakaopflanze ist, wie bereits erwähnt, die Sorte. Davon gibt es viele verschiedene in den drei Gattungen *Forastero*, *Trinitario* und *Criollo*.

Kakaogattungen

Forastero – Große Ertragsfreudigkeit, Anbaugebiet Afrika, Qualität gering

Trinitario – widerstandsfähige Gattung, ursprünglich aus Trinidad, gute Qualität

Criollo – widerstandsfähige Gattung, ursprünglich aus Trinidad, beste Qualität

Die *Forastero* (»Fremdling«) wird weltweit am meisten angebaut, sie stammt wahrscheinlich aus dem unteren Amazonasbecken. Ihre wichtigste Eigenschaft ist die große Ertragsfreudigkeit, deshalb macht sie rund 80 Prozent der Welternte aus. Ihr Hauptanbaugebiet liegt heute in Afrika. Ein weiterer Vorteil ist die robuste Art, die sie für Krankheiten wesentlich weniger anfällig macht. Der Geschmack der *Forastero* ist bis auf wenige Sorten meist schwach, bitter, fade und audruckslos. Ihr alleine ist es zu verdanken, dass Schokolade heute zur Billigware im Konsumbereich geworden ist. Diese Entwicklung ist nicht ohne Zutun der Industrie geschehen, die den Kakaoerzeugern die Preise vorgeschrieben und fast ausschließlich nach Menge bezahlt hat.

Frisch geöffnete Kakaofrucht mit Kernen und Pulpe

Die Qualität der Bohnen war von untergeordneter Bedeutung. Der Anbau besserer bis guter Sorten wurde deswegen vernachlässigt. Dies rächt sich bis heute, weil die wenigsten Konsumenten wirklich gute Schokolade kennen oder jemals überhaupt in deren Genuss kamen.

Die meiste Schokolade – Marke »schwarz und sandig« oder »braun und klebrig« – wird heutzutage im Supermarkt für teilweise nicht einmal 50 Cent pro 100 g verkauft. Qualität von Herkunft, Bohnen und Verarbeitung ist dafür nicht zu erwarten.

Das Schicksal dieser Allerweltsschokolade zeigt Parallelen mit dem Wein, insbesondere mit den billigsten Industrieweinen, die für nicht einmal 1,50 Euro die Flasche beim Discounter verschleudert werden und oft mehr als eine Weltreise hinter sich haben. Man fragt sich einmal mehr, wer die Gewinner dieser »Geiz-ist-geil«-Haltung wirklich sind. Sicher nicht die Erzeuger und Produzenten, auch der Verbraucher tut sich damit keinen Gefallen. Man sollte eben nicht vergessen, dass Geiz keine Tugend ist, sondern zu den Todsünden zählt ...

Die zweitwichtigste Sorte ist die *Trinitario*, die, wie ihr Name schon verrät, auf der Insel Trinidad zu Hause war. Nach einer großen Seuche, der fast die ganzen *Criollo*-Anlagen auf der Tropeninsel zum Opfer gefallen waren, pflanzten die Kakaobauern Ende des 18. Jahrhunderts Kakaosträucher, die aus dem oberen Orinocobecken stammten. Sofort kreuzten sich die neuen Sorten mit den Restbeständen auf der Insel, sodass eine neue Sorte entstand – mit fast den gleichen qualitativen Eigenschaften,

Rohe Kakaobohnen

welche die *Criollo* hat, aber mit weitaus mehr Widerstandsfähigkeit gegen Krankheiten als die reine *Criollo*. Der Anbau von *Trinitarios* liegt heute ungefähr bei zehn Prozent der Welternte.

Eine weitere Edelkakaosorte ist ausschließlich in Ecuador zu Hause. Ihr Name ist *Nacional* und sie gehört eigentlich schon zur Familie der *Forasteros*, ist jedoch von hervorragender Qualität. Sie wird auch *Arriba* genannt und bringt rund sechs Prozent der Welternte.

Die *Criollo* ist die edelste unter den Kakaosorten. Ihr Geschmack ist am feinsten, aromatischsten, intensivsten und vielfältigsten. Ihre absoluten Nachteile sind der geringe Ertrag, der an die anderen Kakaofamilien bei weitem nicht herankommt, und ihre hohe Anfälligkeit gegen Krankheiten. Letztere wurde ihr auch zum Verhängnis, da die Industrie immer weiter auf resistentere Sorten auswich. Reine *Criollosorten* sind heute sehr selten. Doch, Gott sei Dank, hat hier ein Umdenken stattgefunden. Inzwischen werden diese Edelsorten wieder intensiver angebaut. Auch werden Versuche unternommen, die *Criollos* durch Züchtung, Pfropfung von Unterlagen und Kreuzungen etwas weniger anfällig zu machen und trotzdem den feinen Geschmack der Bohnen zu erhalten. Qualitätsbewusste Schokoladenproduzenten können heute wieder mit Kakaobauern ins Geschäft kommen, die sich – wie viele Winzer auch – auf Klasse statt Masse besonnen haben. Durch die besseren Preise macht sich der Anbau dieser Edelsorten für die Bauern bezahlt. Sie haben rasch erkannt, dass es sich lohnt, höchste Qualitäten zu erzeugen. Nicht nur wirtschaftliche Aspekte fallen dabei ins

Ernte in Gundelsheim

*Eine gute Cuvée ist die
Kunst der Kellermeister*

Gewicht, es ist auch ein ökologischer und verantwortungsvoller Anbau, der dem Naturprodukt und der Umwelt zugutekommt. Eine Faustformel heißt: Je höher die Qualität der Rohstoffe, desto mehr Aromen können sich nachher im Veredelungsprozess entwickeln. Das entspricht auch der Philosophie guter Winzer.

Diese Edelkakaosorten werden als reine Lagen- oder Plantagenschokoladen angeboten, was sie aber sehr teuer macht. Auch die nur in Ecuador beheimatete *Nacional* gehört zu den Edelkakaosorten, die eine gute Qualität bietet und von der *Forastero* abstammt.

Cuvées sind Weine, die aus verschiedenen Sorten zusammengestellt werden und in der Weinwelt, im eigentlichen Sinn des Wortes, in aller Munde sind. Fast alle internationalen Weine sind solche sogenannten Verschnitte. Bei der Schokolade werden ebenfalls meistens Sorten gemischt. Seitdem Kakaobohnen ausschließlich über die Börse gehandelt wurden, war es kaum möglich, sortenreine Ware zu beziehen, geschweige denn Nachschub von den einzelnen Plantagen oder Erzeugern zu erhalten. Weil nur noch die Menge entschied, waren die Edelkakaos, insbesondere wegen ihres geringeren Ertrags, im Hintertreffen. Erst seit wenigen Jahren kann man die Edelkakaos auch sortenrein beziehen und genau nachvollziehen, aus welchem Erzeugerland sie kommen. Im großen Konsumbereich ist dies nicht möglich, da die Kosten für die Schokolade nach wie vor ausschlaggebend sind.

Edelkakaoschokoladen aus bestimmten Anbaugebieten werden auch in der Zukunft nur kleine Nischen besetzen. Hier weiß man, welche Bohnensorte verwendet wird und von welchen Plantagen und Erzeugern diese stammt. Obwohl auch die Industrie inzwischen auf den Zug der Herkunftsschokoladen aufspringt, um ihre Kunden zu ködern, befinden sich im unteren Preissegment so gut wie keine Edelkakaos. Erst ab einer gewissen Qualität wird den Konsumbohnen ein kleiner Anteil an Edelkakao zugegeben. Weil das Geschmacksbild immer gleich sein soll und keine Abweichungen aufweisen darf, werden die Bohnen grundsätzlich gemischt. Man spricht hier aber weniger von Cuvée oder Assemblage wie beim Wein oder Champagner, sondern von *Blends*. Der Fachbegriff stammt eigentlich von der Tee- oder Whiskyherstellung. Das Prinzip ist auch tatsächlich identisch. Die Kunst der Zusammenstellung der Kakaobohnen setzt wie bei Tee oder Whisky und ebenso beim Wein besonderes Können voraus. Den meisten einfachen afrikanischen Kakaosorten von der Elfenbeinküste und Ghana wird ein kleiner Teil von Edelbohnen zugefügt, damit man trotzdem noch einen Kakaogeschmack erzielt. Bei hochwertigen Schokoladen sind Blends in vielen Fällen für eine geschmackliche Perfektion ebenso sinnvoll.

Cuvée, Assemblage, Verschnitt – all das kennen wir vom Wein. Es bedeutet, dass verschiedene Sorten miteinander vermischt werden. Was die Franzosen wunderbar mit den Worten Assemblage oder Cuvée auszudrücken verstehen, heißt bei uns recht einfach Verschnitt. Das Prozedere ist jedoch gleich. Diese »Vermählung« (Marriage) der Rebsorten ist in Frankreich seit jeher fast die Regel, in Deutschland hat der Prozess noch keine so lange Tradition. Allerdings dürften Schwaben hier einwenden, dass sie schon seit Menschengedenken am liebsten eine Cuvée im Glas haben – den Trollinger-Lemberger; auch der gern getrunkene Schillerwein gehört in diese Kategorie.

Eine gute Cuvée zu produzieren, ist eine hohe Kunst des Kellermeisters, da er genau wissen muss, was in welchem Verhältnis zusammengefügt werden kann und wie der Wein sich danach am besten entfaltet. Bei uns werden die Weinsorten noch meistens sortenrein angeboten.

Von der Traube ins Fass – von der Kakaopflanze zur verarbeitungsfertigen Bohne

Eine Traube macht noch lange keinen Wein und eine Kakaobohne ebenso keine Schokolade. Bei beiden Produkten ist seit jeher die Kreativität des Menschen gefragt.

Wenn wir einen guten Wein erhalten wollen, brauchen wir ebenso gute Arbeit im Weinberg. Von der Hege und Pflege hängt das Meiste ab. Natürlich kann heute die Kellertechnik viel beeinflussen, aber das Fundament für die wirkliche Qualität wird im Weinberg gelegt – und dies bedeutet viel Arbeit das ganze Jahr über. Der Winzer muss in der Regel 16-mal »um den Stock gehen«. Wenn die Trauben geerntet sind, wird bei Weiß- oder Roséweinen direkt abgepresst. Bei Rotweinen kann die Maische kurzzeitig auf 68 °C bis 85 °C erwärmt werden, damit sich die Farbstoffe aus der Beerenhaut lösen. Der Effekt ist ähnlich wie beim Pasteurisieren von Milch: Bakterien und Hefen werden bei diesem Prozess ebenfalls abgetötet, was eine Spontangärung unmöglich macht und den Geschmack ziemlich beeinträchtigen kann. Sollen die Rotweine jedoch hochwertiger ausfallen, gönnt ihnen der Kellermeister mehr Zeit. Die gequetschten und angepressten Beeren werden zusammen vergoren, damit sich die Farbpigmente aus der Schale lösen und Geschmacks- und Fruchtaromen sowie Tannine intensiviert werden. Bei dieser Methode werden der Maische in den meisten

Criollo

Fällen noch Reinzuchthefen zugegeben, die den Gärverlauf steuern sollen. Es gibt aber auch Individualisten wie den Winzer *Jochen Beurer* aus Kernen im Remstal, der seine Weine durch spontane Gärung ausbaut. Natürlich fordert dies ein großes Fachwissen und eine gewisse Risikobereitschaft, da der Vorgang nicht ganz so kontrolliert abläuft wie mit Reinzuchthefen. Im weiteren Verlauf fressen die Hefebakterien den Zucker der Früchte und verwandeln diesen dabei in Kohlendioxid und Alkohol.

Bei der Kakaobohne erleben wir Ähnliches. Die Kakaofrucht wird nach einer Reifezeit von sieben bis zehn Monaten von den Bäumen mit Messern abgeschnitten, die an langen Stangen befestigt sind. Anschließend wird die Frucht meist mit der Machete halbiert und die Pulpa mit den Samenkernen herausgenommen. Die Samenkerne sind unfermentiert weißlich bis leicht violett. Die Mischung aus Fruchtfleisch und Samen wird danach in Gärkästen eingefüllt oder, wie bei vielen Kleinbauern üblich, sogar noch auf große Blätter, beispielsweise Bananenblätter, geschüttet, um sie dort zu fermentieren. Die Gärung ist ein enzymatischer und biologischer Vorgang. Zuerst wird das süße Fruchtfleisch von den Hefen zersetzt. Die Pulpa verflüssigt sich und läuft ab. Es entsteht eine alkoholische Gärung, die wiederum Essigsäure produziert, welche die Zellen der Samenkerne durchdringt, die Keimmöglichkeit verhindert und somit Geschmacksstoffe sowie das nicht wasserlösliche Kakaobraun bildet. Das Kakaorot oder Kakaobraun bestimmt die natürliche Farbe der Schokolade. Die Proteine werden durch eiweißabbauende Enzyme zu Aminosäuren umgewandelt. Bei dem Temperaturanstieg auf rund 50 °C sterben die Samenkerne völlig ab. Aber auch hier ist die richtige Gärung für die Qualität der Bohnen sehr wichtig. Falsche oder nur halbfertige

Hochwertige Kakaobohnen für edle Blends

Fermentierung führt zu erheblichen Qualitätseinbußen bis hin zur kompletten Vernichtung der Kakaobohnen. Nicht fermentierte Bohnen sind gallenbitter und enthalten starke Säureanteile. Ebenso zu beachten ist die Dauer der Fermentation. Es gibt Sorten, insbesondere bei den *Criollos*, die maximal 24 bis 48 Stunden gären dürfen. Die Mehrzahl der Bohnen benötigt fünf bis sechs Tage, vor allem die Konsumqualitäten der *Forastero*. Dabei müssen die Bohnen immer wieder gewendet werden, um eine gleichmäßige Fermentation zu garantieren. Die meisten der adstringierenden, bitteren und sauren Stoffe verflüchtigen sich durch die nun durchlässig gewordenen Zellhäute. Insbesondere bei der *Forastero* kann eine lange und intensive Gärung den Geschmack milder machen sowie Säure und Bitternis abpuffern.

Nach dem Fermentieren werden die Bohnen zur Trocknung in die Sonne gelegt und immer wieder gewendet. In manchen Regionen, die meist in den Regenmonaten Erntezeit haben, wird mechanisch oder gar mit Holzrauch getrocknet, was allerdings den Geschmack beeinträchtigen kann. Man spricht hier von »Schinken-« oder »Rauchnoten«, die eigentlich nichts in der Bohne zu suchen haben. Die Bohnen dürfen nach dem Trocknen nicht mehr als acht Prozent Feuchtigkeit enthalten, sonst ist die Gefahr des Schimmelns und des Verderbens auf dem weiteren Weg der Bohne zu groß.

Nun werden die Kakaobohnen in Jutesäcke verpackt und für den internationalen Versand vorbereitet. Die Erzeugerländer haben bis heute kaum eine weiterverarbeitende Industrie für Kakaoerzeugnisse aufgebaut, was natürlich auch mit den Temperaturen in diesen Ländern zusammenhängt. Die meisten Kakaobohnen werden über Broker auf den internationalen Börsen von Chicago, London und New York gehandelt und verkauft. Erst seit einigen Jahren gibt es Kooperativen und Erzeuger, die auch direkt anbieten und ihre Bohnen als Plantagenware verkaufen. Diese Vermarkter haben direkt mit den Schokoladenerzeugern Verträge geschlossen und Abnahmemengen ausgehandelt, damit die Bauern auch vernünftige Preise für ihre hohe Qualität bekommen. Für ein Kilogramm der *Forastero* liegt der Marktpreis je nach Nachfrage zwischen 0,80 und 4,60 Euro. Bei reinen *Criollos* wurden zum Erscheinungszeitpunkt dieses Buches durchaus Kilopreise von 35 Euro bezahlt!

Vom Fass zur Flasche, von der Bohne zur Schokolade

Während die Kakaobohne nun einen langen Weg vor sich hat, ist dies beim europäischen Wein teilweise anders. Winzer, die keiner Genossenschaft angeschlossen sind, bauen ihren Wein selbst aus. In Württemberg beispielsweise arbeitet nur eine Minderheit auf eigene Rechnung, am Neckar und in seinen Seitentälern erzeugen Kooperativen gut drei Viertel des Weines. Internationale Weine hingegen ziehen ihre Bahnen durch die Welt. Heute können wir Weine aus allen fünf Kontinenten kaufen. Ob aus China – nicht zu unterschätzen, ist doch die chinesische Weinkultur über 8 000 Jahre alt – oder aus Kalifornien, Kanada, Chile, Argentinien, Neuseeland, Australien, Südafrika, aber auch aus Marokko, dem Libanon, Israel, der Türkei oder zunehmend aus Osteuropa – der Wein kennt nur noch klimatische Grenzen.

Ein großer Unterschied zur Kakaovermarktung besteht nicht nur im Anbau. Die Ernten bleiben meist bei den selbstständigen oder genossenschaftlichen Erzeugern, die auch den Ausbau des Weines, das Abfüllen und die Vermarktung übernehmen. Auf diese Weise wird ein Mehrwert erzielt.

Eine vergleichbare Wertschöpfung ist den allermeisten Kakaobauern nicht möglich, denn in kleinen Betrieben kann eine gute Schokolade kaum hergestellt werden. Dazu braucht man nicht nur einen großen und teuren Maschinenpark, sondern auch einiges an Kapital. Daher wird Rohschokolade fast ausschließlich in Fabriken hergestellt. Wie beim Wein gehören auch dazu viel Wissen und Erfahrung, wenn die Qualität überdurchschnittlich sein soll. Rund 80 Prozent der Weltkakaoernte bestehen aus relativ einfachen bis schwachen Qualitäten, daher ist es gar nicht so leicht, an gute

Schokolade zu kommen. Aber glücklicherweise findet langsam ein Umdenken statt. Heute gibt es Firmen wie *Amedei, Barry Callebaut, Belcolade, Cocovic, Cluizel, Domori, Felchlin, El Rey, Lubeca, Scharfenberg* oder *Valrhona,* um ein paar zu nennen, die Origines, also Lagenschokoladen aus den Kakaobohnen einzelner Länder, oder auch Plantagenschokoladen herstellen.

Die Produktionsschritte der beiden »göttlichen Produkte« Wein und Schokolade unterscheiden sich total. Die Kakaobohnen, nun in den Fabriken angekommen, werden auf Qualität, chemische Belastungen, sozusagen auf Herz und Niere geprüft. Bei den gehobenen Kakaosorten wird diese Prüfung besonders sorgfältig vorgenommen. Die Bohnen werden zuerst gereinigt, dabei können natürliche Verunreinigungen von Steinchen oder Partikel von Jutesäcken oder Insekten aussortiert werden. Dann werden die hochwertigen Bohnen bei 120 bis 130 °C zwischen zehn und 15 Minuten geröstet. Bei geringeren Qualitäten erfolgt die Röstung länger und bei höheren Temperaturen. Die Röstzeit beeinflusst den Geschmack. Die Farbe der Kakaobohne wird nun wesentlich dunkler, sie reicht von Kakaorot und hellem Braun bis zu kräftigeren, dunkleren Brauntönen. Die Röstung lässt die Zuckeranteile der Bohne karamellisieren, natürliche Geschmacksaromen wie Vanillenoten kommen intensiv zur Geltung. Der natürliche Kakaogeschmack wird intensiviert, Bitterstoffe werden – insbesondere bei normalem Konsumkakao – durch die Röstaromen abgemildert.

Dass Röstung zu mehr Geschmack verhelfen kann, ist auch bei der Weinbereitung von Bedeutung, nämlich beim Barriquefass. Barriques sind kleine Eichenholzfässer, die in Frankreich und Italien schon seit vielen Jahren im Einsatz sind. Seit ungefähr 25 Jahren sind sie auch immer häufiger in deutschen Kellern zu finden. Die Küfer verwenden ausschließlich Eichenhölzer, die bekanntesten stammen aus den französischen Regionen Limousin und Allier. Außerdem werden amerikanische oder inzwischen auch zunehmend deutsche Eichenhölzer verwendet, wenn sie trocken gewachsen sind. Die Fässer haben ein Fassungsvermögen von 225 Litern – das ist das klassische Maß, es werden aber auch etwas größere Barriques mit 300 Litern Inhalt angeboten. Sie werden von innen mit einem offenen Holzkohlenfeuer angeröstet. Man nennt dies auch *toasten.* Es gibt verschiedene Stärken der Toastung – leicht, mittel und kräftig. Die Toastung muss exakt auf den Wein ausgerichtet sein, der in diesem Holzfass reifen soll. Nur sehr gute Weine sind für den Ausbau im Barrique geeignet, denn nur in Spitzenqualitäten entwickeln sich nach einer langen Lagerung zwischen zwölf und 36 Monaten, in Spanien oft noch länger, ein intensives vanilliges Aroma, weiche Tannine und ein Geschmacksprofil, das an dunkle Beerenfrüchte erinnert.

Dünne Weine werden vom Holz förmlich erschlagen, sie haben nichts im Barrique zu suchen. Allein durch die Reifung in dem kleinen Fass werden beim Wein zusätzlich über 400 neue Geschmackskomponenten aktiviert! Bei traditioneller Herstellung werden die Weine mehrmals abgezogen, um sie zu klären. In großen Kellereien läuft der Wein über Filteranlagen, die jedoch den Geschmack beeinträchtigen können.

Zurück zu den Kakaobohnen, die beim Rösten durch den fast kompletten Wasserentzug brüchig geworden sind. Die Schale lässt sich nun leicht ablösen. Dies geschieht im Brecher, der die Schalenanteile durch ein Gebläse von den Nibs, den reinen Kakaokernen, trennt. Die Schalenteile lassen sich anderweitig verwenden, beispielsweise in der Medizin oder auch als Dünger. Die Nibs werden zermahlen, sodass eine zähe und teigige Masse entsteht. Eigentlich könnte man jetzt direkt zum Mischvorgang übergehen und, mit Zucker vermengt, Schokolade zubereiten. Aber um eine konstante Qualität auch im Bezug auf die Verhältnisse von Kakao, Kakaobutter und den anderen Zutaten zu erhalten, wird das Prinzip von *Van Houten* genutzt. Die Kakaomasse wird unter hohem Druck gepresst; auf diesem Weg werden Kakaopulver und Kakaobutter getrennt gewonnen. Diese beiden Grundstoffe werden für viele weitere Produkte verwendet. Kakaobutter, übrigens eines der wertvollsten und teuersten Fette, das uns Mutter Natur schenkt, nimmt die Kosmetikindustrie gerne ab. Das Kakaopulver findet Verwendung bei vielen anderen Lebensmitteln. Dabei wird zwischen schwach oder stark entöltem Kakao unterschieden.

Überprüfung der Fermentation

Danach werden meist Kakao und Kakaobutter in einem ganz bestimmten Verhältnis gemischt. Je nach Typ und Qualität kommen Zucker und Milchpulver hinzu, ebenso echte Vanille oder künstliches Vanillin. Fast allen Schokoladen wird auch ein kleiner Anteil Lecithin, meist Soja-Lecithin, zugesetzt, damit die Masse für die weitere Verarbeitung homogen und geschmeidig bleibt. Eine Maschine vermengt die Zutaten und verarbeitet sie zu einer fließfähigen Schokoladenpaste, die von riesigen Feinwalzen auf eine Dicke von unter 20 µm zerdrückt wird. Das Ergebnis ist ein ziegelfarbiges Pulver.

Nun kommt das Schokoladenpulver in die *Conche*. Dieses Gerät wurde von dem Schweizer *Rudolph Lindt* 1879 erfunden, um die Qualität der Schokolade wesentlich zu verbessern. Der Fachausdruck kommt vom spanischen Wort für Muschel (*concha*). Es gibt verschiedene Arten der Conche. Bei der Flachconche wird die Schokolade mit Stahlwalzen auf Granitflächen feinstens verschliffen und gewalzt. Dabei erreicht man Temperaturen von 50 bis 65 °C. Dies ist eine der ältesten und besten Arten, gute Schokolade zu conchieren. Heute gibt es Conchen wie die Kugelconche, die ihre Arbeit wesentlich intensiver und auch schneller erledigen. Dabei wird die Kakaomasse durch kleine Stahlkugeln mit den anderen Zutaten regelrecht zu Brei zerschlagen – nicht unbedingt ein schonender Umgang mit dem Rohstoff Kakao. Bei den manuellen Conchen werden die Schokoladen je nach Qualität bis zu 72 Stunden, manchmal auch noch länger, bearbeitet. Die Schokolade verflüssigt sich, es laufen chemische Prozesse ab, welche die Schokolade zarter, feiner und aromatischer werden lassen. Außerdem

Röstung

Echte Vanille ist ein wichtiger Bestandteil
edler Schokolade

verflüchtigt sich die Essigsäure, die sich durch die Fermentierung in der Kakaobohne angereichert hat. Billige Konsumschokolade wird meist nicht mehr als vier bis sieben Stunden conchiert, da bei zu langen Conchierzeiten mit diesen Kakaosorten sonst ebenfalls Bitterstoffe entstehen. Kakaosorten mittlerer Qualität bleiben zwischen acht und zehn Stunden in der Conche. Nur die besten Schokoladen durchlaufen diese Prozedur in traditioneller Weise in 24 bis 72 Stunden.

Bei Billigschokoladen wird auch die Conchentemperatur erhöht, um Bitterstoffe und unangenehme Säuren zu entschärfen, ähnlich wie vorher beim längeren Rösten. Aber nicht alle guten Schokoladen vertragen lange Conchierzeiten. Einige Edelkakaos halten es in der Apparatur nur kurze Zeit aus, danach verlieren sie an Aroma und Geschmack, weil sie die Oxidation nicht vertragen und so Qualitätseinbußen erleiden. Nach dem Conchieren ist die Schokolade weitgehend fertig. Durch die Chocolatiers und die Konditoren erfährt sie ihre Veredelung und feine Vollendung.

Bei der dunklen Schokolade unterscheiden wir halbbittere, edelherbe und ganz dunkle Sorten. Die halbbitteren Schokoladen haben einen Kakaoanteil von 50 bis 59 Prozent Kakaomasse, ab 60 bis 85 Prozent spricht man von edelherben Schokoladen, ab 86 bis 99 Prozent von ganz dunklen Sorten. Hundertprozentig reine Kakaomasse muss ohne Zuckeranteil auskommen.

Milchschokoladen sind, wie der Name schon vermuten lässt, Milchfette in Form von Milch und Sahnepulver zugesetzt worden. Ihr Kakaoanteil beträgt zwischen 22 und 49 Prozent. Je höher der Kakaoanteil, desto kräftiger wird die Schokolade im Geschmack.

Weiße Schokolade enthält keine Kakaomasse. Sie wird erst seit den Achtziger Jahren des letzten Jahrhunderts als Schokolade bezeichnet, vorher nannte man sie »weiße Überzugsmasse«. Dieser Bleichling enthält Milchfette, Kakaobutter und Zucker und hat daher auch die weiße Farbe. Es ist allerdings nicht fair, Milch- und weiße Schokolade abzuqualifizieren, denn beide Sorten haben ihre Existenzberechtigung. Speziell mit Wein können sie zu geschmacklichen Entdeckungen führen. Ausschlaggebend ist allein, dass die Qualität stimmt, ein zuckriges und klebriges Etwas taugt dazu nicht. Denn wie überall, kann man nur etwas Gutes herstellen, wenn auch die Rohstoffe gut sind. Nichts außer Milchfetten darf in die weißen oder Milchschokoladen gelangen, in den dunklen Sorten darf nur Kakaobutter enthalten sein. Darauf sollte man beson-ders achten, denn laut einer EU-Verordnung von 2005 dürfen der Schokolade heute

Lemberger-Trauben (links) und frische geerntete Forastero (rechts)

leider auch 5 % Fremdfette wie Palm- oder Erdnussfette sowie Rindertalg anstelle von Kakaobutter zugefügt werden. So kann die Schokolade, gesetzlich geregelt, zum Billigprodukt ohne Geschmack, Aroma und Mundgefühl verkommen. Freilich entscheidet letztlich der Käufer, ob er sich und seinen Geschmacksnerven ein solches Produkt antun möchte.

Oft meint man, je dunkler die Schokolade, umso besser die Qualität. Aber auch das ist ein Ammenmärchen. Die Farbe hat leider keinerlei Aussagekraft über die Qualität der Schokolade. Alleine Herkunft, Sorte der Bohne und die Verarbeitung geben Aufschluss über die Wertigkeit und Güte.

Medizinische Aspekte von Schokolade und Wein

»In vino veritas«, pflegt der lateinisch beschlagene Weingenießer zu sagen, im Wein liegt Wahrheit – und auch ein gutes Stück Gesundheit. Dabei jedoch muss eine alte Erkenntnis des Arztes *Paracelsus* beherzigt werden: »Die Dosis macht das Gift.« Deshalb sollte man auch mit dem Getränk der Götter verantwortungsvoll umgehen.

Empfehlenswert ist die seit Generationen überlieferte Erkenntnis »mäßig, aber regelmäßig«. Auch ein Rat, den der erste deutsche Bundespräsident, der Schwabe *Theodor Heuss,* aus eigener Erfahrung gegeben hat, hilft weiter: »Wer Wein trinkt, betet, wer Wein säuft, sündigt.«

Der Wein ist, bei richtiger Dosierung, ein kleines Allheilmittel, wie schon viele Studien belegt haben. Das schöne Wort »Prost« stammt vom Lateinischen »prosit« und bedeutet »es möge nützen« – das sagt doch schon alles aus.

Wein besteht zu 80 Prozent aus Wasser, der Rest teilt sich auf in Geruchs-, Farb- und Geschmacksstoffe, Ethylalkohol, verschiedene Zucker wie Glukose und Fruktose, Elektrolyte, Polyphenole, Mineralien und viele Vitamine. Dabei sind die Vitamine B_6 und C unerlässlich für das zentrale Nervensystem, während die Ascorbinsäure als Radikalenfänger natürliche Schutzfunktionen ausübt. Natürlich reicht die im Wein enthaltene Dosis nicht für den kompletten Tagesbedarf aus.

Polyphenole sind sekundäre Pflanzenstoffe, die von den Pflanzen zum Schutz vor Bakterien und Insekten selbst gebildet werden. Dem Phenol Salizylsäure und dem Alkohol werden positive Wirkungen auf die Gefäße zugesprochen, insbesondere bilden sich dort merklich weniger Ablagerungen und Verkalkungen. Das Infarktrisiko kann um ein Vielfaches gesenkt werden. Senkung der schädlichen Blutfettwerte, Hebung des positiven HDL-Cholesterins, Hemmung der Blutgerinnung und daraus resultierend eine geringere Thrombosengefahr sind weitere Pluspunkte. Selbst bei Osteoporose (Abnahme der Knochendichte) verlangsamt Wein den Abbau der Knochensubstanz, da er in den Hormonhaushalt des Menschen eingreift. Wein regt den Verdauungstrakt an, durch seine antioxidative Wirkung ist er ein Schutzfaktor gegen bösartige Tumore. Dem Stoff Resveratrol im Rotwein wurden in Tierversuchen eindeutig krebshemmende Eigenschaften nachgewiesen, beispielsweise in Hinblick auf Karzinome der Prostata. Außerdem wirkt Wein stimulierend auf die Bauchspeicheldrüse und die Geschlechtsdrüsen. Daher kann ein Glas Wein zu einem stimmungsvollen Abend positiv beitragen.

Hat die Schokolade ähnlich Positives zu bieten? Natürlich! Kakao besteht zu 47 bis 59 Prozent aus Kakaobutter, zu neun Prozent aus Zellulose, acht Prozent entfallen auf Stärke und Pentosane (Polysaccharide), der Rest auf Gerbstoffe, Säuren und Geschmacksstoffe sowie verschiedene Zucker, Theobromin und Koffein, Mineralstoffe und Vitamine.

Es ist an der Zeit, endlich mit dem alten Vorurteil aufzuräumen, dass Schokolade dick macht. Das Gegenteil ist der Fall. Allerdings auch mit Einschränkungen. Milchschokolade und weiße Schokolade können nicht als Schlankmacher gelten. Erst dunkle Schokoladen ab einem Kakaogehalt von 70 Prozent halten bei der Verdauung den Blutzuckerspiegel konstant. Die freigesetzte Energie wird nicht als Fett eingelagert, sondern sofort verbrannt. Man kann mit Schokolade sogar Schlankheitskuren machen. Interessante Erkenntnisse hierzu liefert *Michel Montignac* in seinem Buch »Gesund mit Schokolade«.

Auch der Kakao enthält Polyphenole wie der Wein. Sie sind entzündungshemmend und schützen vor Zellschädigungen. Die Antioxidanzien verlangsamen die Ablagerungen von Fetten in den Blutgefäßen, so wird der Arterienverkalkung und dem Herzinfarkt vorgebeugt. Eine halbe Tafel dunkle Schokolade (50 g) enthält so viele Polyphenole wie ein Glas Wein.

Die Flavone in der Schokolade verbessern die Hautfunktionen, sie fördern das Wachstum der Hautzellen und beschleunigen die Wundheilung. Nachzuweisen ist auch der UV-Schutz gegen schädliche Sonnenbestrahlung. Auch verhindert Schokolade, dass sich die sogenannten Heliobacter pylori an die Magenwände anbinden und somit Geschwüre auslösen. Das zur Gruppe der Flavonoide gehörende Epicatechin kann Bluthochdruck und Gefäßerkrankungen vorbeugen.

Die Fette des Kakaos sind äußerst wertvoll. Die Kakaobutter senkt das schlechte LDL-Cholesterin und erhöht das gute HDL-Cholesterin. Das Thromboserisiko wird minimiert, weil sich die Blutgerinnung verzögert.

Reine Kakaomasse schützt sogar vor Karies durch ihren Anteil an Fluor und Tannin. Aber Vorsicht – hier ist nur die zuckerfreie Variante gemeint!

Die Alkaloide Koffein und Theobromin wirken stimulierend auf unser Nervensystem. Theobromin wirkt länger als Koffein, ist aber bei Weitem nicht so aggressiv. Es erweitert die Gefäße, fördert die Konzentration, lindert den Husten. Koffein ist als aufputschend und harntreibend bekannt. Es steigert die geistige und körperliche Leistungsbereitschaft, regt die Produktion der Magensäfte an und verringert die Müdigkeit.

Wenn man all diese positiven Eigenschaften von Schokolade und Wein sieht, erkennt man bald, dass es kaum eine lustvollere Art gibt, sich gesund zu ernähren und zu erhalten, als die beiden Genussmittel zu verbinden.

Der Schokoladenliebhaber *Goethe* schrieb: »Wer eine Tasse Schokolade getrunken hat, der hält einen ganzen Tag auf Reisen aus, ich tue es immer, seit Herr von Humboldt mir das geraten hat.« Und Reisen waren zu seiner Zeit eine abenteuerliche und sehr anstrengende Sache. Auch *Schiller* hielt sich als Nachtarbeiter mit Schokolade munter. Er schätzte sie derart, dass er in seinem Drama »Die Verschwörung des Fiesco zu Genua« die Schokolade in einem Satz verewigte: »Eh die Schokolade gemacht ist, Madame, unterhalten Sie mich.« Schade nur, dass um 1547, also zu der Zeit, in der das Trauerspiel handelt, in Genua noch gar keine Schokolade bekannt war.

»Die glücklichen Momente« von Schokolade und Wein

Schokolade macht glücklich, wird gerne behauptet. Und das stimmt! Denn Schokolade enthält den Botenstoff Tryptophan, eine Aminosäure, aus der Serotonin gebildet wird – das Glückshormon. Kein Wunder also, dass der Appetit auf Schokolade zunimmt, wenn es uns stimmungsmäßig nicht so gut geht. Der Körper weiß eben, was er braucht, und meldet sich mit den richtigen Gelüsten. Doch nicht nur in Schokolade ist das Glückshormon zu finden, sondern auch in Weinen aus dem Holzfass. Mehr Glück kann man wohl kaum bekommen als in der Kombination dieser beiden Köstlichkeiten. In alten Aufzeichnungen verspricht uns die Schokolade noch eine weitere Besonderheit: Schokolade macht Lust auf Lust. So ist zu lesen: »Jungen Menschen ist der Genuss von zu viel Schokolade nicht anzuraten, sie werden hitzig.« Nicht umsonst stellte der begnadetste Frauenflüsterer aller Zeiten, *Giacomo Casanova,* in seinen Lebensbeschreibungen fest: »Mit keinem Genuss konnte ich mehr Frauen verführen, als mit Schokolade.« Das Erfolgsgeheimnis von Casanova soll den Leserinnen und Lesern dieses Buches nicht vorenthalten werden: Schokolade wurde ja früher fast ausschließlich in kleinen Kännchen zubereitet und getrunken. Signore *Casanova* nahm eine wohltemperierte Schokolade, übergoss damit Nacken und Rücken seiner Angebeteten bis hinab zum Po, bevor er sie mit vielen Küssen von dieser deliziösen Glasur befreite. Viel Spaß und Genuss beim Ausprobieren! Als ich eine Gruppe aus dem Oberschwäbischen bei mir zu einer Schokoladen-Wein-Probe im Haus hatte, fragte mich nach dieser Anekdote ein Gast im breitesten schwäbischen Dialekt: »Goht dees au mit Mouscht?« (»Geht das auch mit Most?«). Worauf seine liebe Gattin recht unwirsch dazwischen rief: »Ihr Mannsleid seid älle die gleiche Sei, ans Wäsche von de Kloider denkt koiner von eich.« (»Ihr Männer seid alle die gleichen Schweine, an das Waschen der Kleider denkt keiner von euch.«)

Auch am Beispiel *Casanovas* erkennt man die enge Verwandtschaft von Schokolade und Wein. Für wen das nicht schon genug Grund ist, das Abenteuer mit beiden Genüssen einzugehen, den kann man vielleicht mit der Vielschichtigkeit von Geschmack und Aromen überzeugen, die Wein und Schokolade verbinden. In der chemischen Analyse von Wein werden rund 950 verschiedene Geschmacks- und Aromastoffe erkannt. Bei Schokolade haben Wissenschaftler rund 700 dieser unterschiedlichen Bestandteile entdeckt, ebenfalls eine unglaubliche Vielfalt. Die neben vielen anderen in Schokolade enthaltenen Stoffe Anandamid und Phenylethylamin sind in ihrer Struktur Amphetaminen ähnlich, sie steigern das Glücks- sowie Lustgefühl und sind auch in Cannabis und Morphium enthalten. Um allerdings suchtgefährdet zu sein, müssten pro Tag zehn Kilogramm Schokolade verzehrt werden.

Lagerung und Genuss

Wein kühl und feucht zwischen 8 °C und 15 °C lagern, möglichst nicht bei schwankenden Temperaturen und am besten liegend, damit der Korken nicht austrocknet.

Schokolade wird am besten zwischen 12 °C und 18 °C trocken und geruchsfrei aufbewahrt. Sie gehört nicht in den Kühlschrank, weil Kakaobutter schnell fremde Gerüche wie von Wurst oder Käse aufnimmt. Bei zu kühlen Temperaturen entsteht zudem Kondenswasser, das den Zucker aus der Schokolade spült und einen kristallinen Zuckerreif an der Oberfläche hinterlässt. Wird die Schokolade zu warm – ab 25 °C – lösen sich die Kakaofette aus der Masse. Die Kakaobutter setzt sich nach oben ab und bekommt ein graues, schmieriges Aussehen. Die Schokolade ist nicht verdorben und kann verzehrt werden, der perfekte Genuss ist allerdings dahin. Wenn dies geschieht, können Sie wenigstens beruhigt sein, dass Sie ein sauberes Lebensmittel gekauft haben. Denn wären Fremdfette in der Schokolade, wäre die Form zwar ebenfalls deformiert, aber das Schokoladen-Fett-Gemisch würde »wunderbar« glänzen. Dieses positive Erscheinungsbild war übrigens auch ein Grund, warum die Europäische Union den Zusatz fremder Fette erlaubt hat. Dann doch lieber graue Schokolade!

Wer seiner etwas unansehnlich gewordene Schokolade wieder zum gewohnte Aussehen verhelfen möchte, muss sich nur ein klein wenig Mühe geben: Die Tafel bei 44 °C komplett auflösen, die Masse auf 22 °C abkühlen lassen und wiederum auf exakt 32 °C erwärmen. Und siehe da: Das gute Stück ist zurück, hat wieder seinen schönen Glanz und erzeugt das zarte Mundgefühl.

Die unendliche Vielfalt

Wir nutzen zur Degustation von Wein drei unserer Sinnes-

organe: Auge, Nase und Mund.

Schokolade genießen wir hingegen mit allen fünf Sinnen, die

uns Menschen zur Verfügung stehen: Wir sehen sie, wir

riechen sie, wir befühlen sie, wir hören sie, wir schmecken sie.

Im folgenden Kapitel werden die Farbtöne sowie Geruchs- und

Geschmacksaromen von Wein und Schokolade beschrieben.

Die Farben des Weins

Die Farbe spielt beim Wein natürlich eine große Rolle. Zuerst unterscheiden wir, ob der Wein hell, dunkel, klar oder trüb ist.

Beim Weißwein gibt es ganz unterschiedliche Farbschattierungen: weiß/wässrig, gelblich, hellgelb wie beim jungen Riesling, grünlich oder grünliche Reflexe wie beim Veltliner, gelb wie beim reifen Riesling, goldgelb wie beim gereiften Ruländer oder gar ein ins leicht Bräunliche, Bernsteinfarbene neigender Ton wie bei gereiften oder oxidierten Trockenbeerenauslesen.

Das gleiche Spiel der Farben gilt für den Rotwein, jedoch ist die Fülle der Rottöne noch vielfältiger. Von zartrosa, hellrot wie beim Trollinger über ziegelfarben mit leicht bräunlicher Färbung wie beim Spätburgunder zur tiefroten Farbe der Cabernets. Am Rot mit bläulichem Schimmer ist der Lemberger zu erkennen, rubinrot gibt sich der Zweigelt, purpurrot der Merlot, granatfarben der Gamay, blutrot kommen der Dornfelder oder das »Erlauer Stierblut« daher, in violett-schwarz gefällt sich der Malbec.

Die Fülle der Wein-Aromen

Wein und Schokolade haben ein gewaltiges Geruchs- und Geschmacksbild. Alle Arten von Aromen aus der Pflanzen- und Früchtewelt finden wir hier, bis hin zu den eher animalischen Komponenten wie Waldboden und sogar Stall.

Diese Aromen sensorisch zu beurteilen, bedarf es der Nase und des Geschmackssinns. Bitte nicht verzweifeln, wenn man die ungeheure Vielzahl der Aromen nicht komplett nachvollziehen kann. Dazu ist viel Übung nötig. Jeder von uns kann riechen und schmecken; diese Sinne zu verfeinern liegt in unserer Hand. Leider haben wir Zivilisationsmenschen in den letzten tausend Jahren kaum noch unsere Nasen gebraucht wie zur Zeit unserer Entwicklung und Evolution. Wir haben das Riechen und Schmecken fast verlernt, da unsere Wahrnehmung heute fast ausschließlich auf alles Optische gerichtet ist. Aber was gute Sommeliers können, das können Sie sich auch aneignen, wenn Sie nur bewusst riechen und schmecken.
Sie sollten es sich nur einprägen und ab und zu wiederholen. Nehmen Sie doch auf dem Wochenmarkt einmal die Früchte in die Hand und riechen Sie daran. Sie werden begeistert sein, wenn Sie die Fähigkeiten Ihrer Nase neu entdecken. Allein die Überraschung, unterschiedliche Apfelsorten zu riechen und zu schmecken, ist es wert, diese Sinneswahrnehmungen zu schulen und zu entwickeln.

Rotwein – Entdeckungsreise für Nase und Gaumen

Geruchsvarianten

Fruchtig	Beerenfrüchte wie Brombeere, Himbeere, Erdbeere, Heidelbeere, Holunder, rote und schwarze Johannisbeere; Steinfrüchte wie Sauerkirsche, Süßkirsche, Pflaume; Zitrusfrüchte wie Orange; künstliche Früchte wie Fruchtdrops, Weichkaugummi; gekochte Früchte wie Pflaumenmus, Erdbeermarmelade, Beerengelee, Johannisbeerlikör; getrocknete Früchte wie Dörrpflaume, Rumtopf, Rote Grütze
Blumig	Flieder, Lavendel, Veilchen, Akazienblüte, Rosen
Kräuterig / vegetativ	frisch vegetativ wie grüne Paprika, Minze, Melisse, Eukalyptus, Wacholderbeeren, Schlehen, grüne Walnussschale; gekocht vegetativ wie grüne Bohnen, schwarze Oliven; getrocknet vegetativ wie schwarzer Tee
Würzig	strenge Gewürze wie Liebstöckel, Wacholder, schwarzer Pfeffer, Lakritz; süße Gewürze wie Vanille, Gewürznelken, Zimt, Süßholz; nussig wie Bittermandeln, Mandeln, Wal-/Baumnuss
Karamellisiert	Karamell, Kaffee, Schokolade, Malz, Rübenkraut, Brot
Rauchig	Leder, geräucherter Speck, Teer, Brot, Medizinton
Holzig	Zedernholz, getoastetes Holz, Harz
Mikrobiologisch	Joghurt, Butter, nasse Wolle, animalisch (Stall, nasse Pferdedecke), Champignon, Waldboden, Alkohol, Ethylacetat (Klebstoff)

Geschmacksvarianten

Intensität	dünn, dicht
Geschmack	süß, sauer, bitter
Gaumen-eindrücke	hart, weich, pelzig, alkoholisch
Körper	leicht, kräftig, voluminös
Gesamt-eindruck	ausgewogen, komplex, gerbig, unharmonisch

Weißwein – Entdeckungsreise für Nase und Gaumen

Geruchsvarianten

Fruchtig	grüne Früchte wie grüner Apfel (Granny Smith), Stachelbeere, Weinbergpfirsich; Zitrusfrüchte wie Zitrone, Limette, Grapefruit, Orange; heimische Früchte wie reifer Apfel (Cox Orange), Birne, Pfirsich, Aprikose, Quitte, schwarze und rote Johannisbeeren; tropische Früchte wie Banane, Ananas, Honigmelone, Mango, Passionsfrucht; künstliche Früchte wie Eisbonbon oder Gummibärchen; getrocknete Früchte wie Apfelkompott, Birnenkompott, Orangenkonfitüre; Dörrobst wie getrocknete Aprikosen, Rosinen, überreife Bananen
Blumig	süße Blüten wie Rose, Pfingstrose, Orangenblüten, Jasmin, Akazie, Schafgarbe wilde Möhre; strenge Blüten wie Geranie, Flieder, Lavendel
Pflanzlich / vegetativ	frisch vegetativ wie Gras, Minze, Melisse, Eukalyptus, phenolisch/rappig; gekocht vegetativ wie grüne Bohnen, grüner Spargel, Artischocken; getrocknet vegetativ wie Heu, schwarzer Tee
Würzig	strenge Gewürze wie Muskat, Liebstöckel, schwarzer Pfeffer, Ingwer; süße Gewürze wie Vanille, Gewürznelken, Zimt
Nussig	geröstete Erdnuss, Mandel, Haselnuss, Walnuss / Baumnuss
Karamellisiert	Karamell, Honig, Malz, Bienenwachs, Butterkeks
Rauchig	Leder, geräucherter Speck, Teer, alter Holzschrank
Holzig	getoastetes Holz, Harz

Geruchsvarianten

Mineralisch	nasse Kreide, Schiefer, Meerluft, erdig.
Mikro-biologisch	Joghurt, Butter, Sherry, nasse Wolle, Champignon, Waldboden, Käse, Ethylacetat (Klebstoff)

Geschmacksvarianten

Intensität	dünn, dicht
Geschmack	süß, sauer, bitter
Körper	leicht, kräftig, ölig
Gesamt-eindruck	ausgewogen, komplex, unharmonisch

Rosé

Im Rosé oder Weißherbst sind sowohl Komponenten von Rot- als auch von Weißwein zu finden. Inhaltlich hat er mehr vom Weißwein, wenngleich die säurebetonten und fruchtigen Noten fehlen.

Schokolade – Genuss mit fünf Sinnen

Wein genießen wir wie beschrieben mit drei Sinnen. Schokolade dagegen mit allen fünf Sinnen, die uns Menschen zur Verfügung stehen. Wir sehen sie, wir riechen sie, wir befühlen sie, wir hören sie, wir schmecken sie.

Die Farbe

Glänzend, Seidenglanz, matt glänzend, matt stumpf, fleckig, grau, weiß angelaufen, weiß auskristallisiert, tiefschwarz, schwarz, anthrazit, dunkelbraun, schokofarben, kakaobraun, hellbraun, rostbraun, violettbraun; weiß und gelblich (bei weißen Schokoladen).

In jedem Fall sollte unsere Schokolade, ob Edelherb-, Milch- oder weiße Schokolade, seidig bis glänzend sein. Fleckiger, grauer oder gar weißlicher Belag ist zu 99 Prozent durch Lagerungsfehler entstanden, aber kein Zeichen, dass die Schokolade verdorben ist.

Die Fülle der Schokoladenaromen

Aromen	
Fruchtig	Beerenfrüchte wie rote Beeren, Himbeere, Brombeere, Heidelbeere, Holunder, rote und schwarze Johannisbeere; Steinfrüchte wie Sauerkirsche; Zitrusfrüchte wie Orange; künstliche Früchte wie Fruchtdrops; gekochte Früchte wie Pflaumenmus, Aprikosenmarmelade, Johannisbeermarmelade, Beerengelee; getrocknete Früchte wie Dörrpflaume, getrocknete Banane, Rumtopf
Blumig	Jasmin, Orangenblüte, Rose
Kräuterig / vegetativ	frisch vegetativ wie grüne Paprika, grüne Tomaten, Rohkaffee, Schlehen, grüne Walnussschale; gekocht vegetativ wie schwarze Oliven; getrocknet vegetativ wie schwarzer Tee

Aromen

Würzig	strenge Gewürze wie Liebstöckel, schwarzer Pfeffer, Lakritz, Kardamom, Curry/orientalische Gewürze; süße Gewürze wie Tamarinde, Süßholz, Vanille, Gewürznelken, Zimt, Sternanis
Nussig	Mandeln, Haselnuss, Walnuss / Baumnuss, Macadamia-nuss, Cashewnuss
Karamellisiert	Karamell, Malz, Honig, Bienenwachs
Geröstet	geröstete Mandeln, Marzipan, Kaffee/Espresso, Kakao, Assamtee
Holzig	Zedernholz, getoastetes Holz, Harz, Sandelholz, Jutesäcke
Mikro-biologisch	Joghurt, Butter, Milch, Rahm, Panna cotta, Trüffeln, andere Pilze, Waldboden

Geschmacksvarianten

Intensität	kräftig dicht
Geschmack	süß, sauer, bitter, herb
Gaumen-eindruck	hart, weich, pelzig, adstringierend
Gesamt-eindruck	ausgewogen, komplex, gerbig, vollmundig, süß, flach, wenig aromatisch, dezent, ausdruckslos, vielschichtig, unharmonisch

Für die weiße und die Milchschokolade sind diese Aromen weniger zutreffend, aber man kann verschiedene Geschmacksmerkmale hinzunehmen wie karamellig, buttrig, fettig, süß, nussig.

Vorbereitung zur Verkostung

Die richtige Auswahl der Schokoladen und Weine ist das
A und O. Nur hochwertige Produkte können überzeugen:
Wer echten Genuss verspüren möchte, benötigt einen aus-
gezeichneten Wein und erstklassige Schokolade.

Die Auswahl von Wein und Schokolade

Bevor man mit der Degustation von Schokolade und Wein beginnt, muss man einige Vorbereitungen treffen. Dabei ist es unerheblich, ob man mit Freunden und Bekannten in diese Genusswelt vordringen möchte oder erst einmal für sich ganz alleine. Natürlich hat die Vielfalt der Proben auch etwas mit der Personenzahl zu tun, die sich an dieses Vergnügen macht. Als Einzelperson kann man sich ganz langsam Probe für Probe herantasten, bei einer größeren Runde ist die Entdeckung der Langsamkeit vielleicht nicht so einfach. Auf jeden Fall sollte man sich viel Zeit nehmen und in guter Stimmung sein. Die Atmosphäre sollte dem Anlass entsprechen. Eliminieren Sie am besten alle störenden Faktoren, damit Sie sich voll und ganz auf das Erlebnis konzentrieren können.

Man kann in einzelnen Schritten vorgehen oder auch gleich mehrere Versuche mit verschiedenen Weinen und mehreren Schokoladen starten. Aber man sollte sich dabei nicht übernehmen, denn diese Verkostung ist vielfältiger und anstrengender als die herkömmlichen Weinproben. Sie und alle fünf Sinne werden gefordert!

Die Auswahl der Schokolade wie auch der Weine muss eine Mindestqualität aufweisen. Ware vom Discounter, sofern von minderer Güte, ist tabu. Die Erfahrung hat gezeigt, dass nur hochwertige Produkte überzeugen können. Wer den richtigen Genuss verspüren möchte, benötigt also einen ausgezeichneten Wein und eine erstklassige Schokolade. Man beschafft sich am besten einen kleinen Vorrat von verschiedenen Schokoladen, die man zum Wein probieren möchte. Dabei sollte man zwei bis drei sortenreine Schokoladen, sogenannte Lagen- oder Plantagenschokoladen, auswählen. Diese Herkunftsschokoladen aus bestimmten Anbauregionen und Ländern sollten einen Kakaogehalt von 65 bis maximal 85 Prozent haben. Ab 85-prozentigem Kakaogehalt gestaltet sich das Zusammenspiel mit dem Wein schwierig. Herbe, Bitternis, Tannine und Säure sind dann zu dominant, weshalb dieses Experiment erst in einem fortgeschritteneren Stadium gewagt werden sollte.

Bei Milchschokoladen ist es wichtig, dass der Kakaogehalt nicht unter 32 Prozent liegt, um noch einen starken Eindruck der Schokolade zu erhalten. Insbesondere bei den Schokoladenaromen darf der Zucker nicht alles übertünchen.

Auch die weiße Schokolade wollen wir nicht zu kurz kommen lassen. Hier sind Sorten mit Frucht- oder Aromenanteilen oft äußerst interessant im Zusammenspiel mit Wein. Auch Gewürze in Schokoladen entfalten sich mit Wein zu wahren Aromabomben.

Bei den Weinen sollte man sich ebenfalls eine kleine Palette gönnen. Da ich ein Freund des deutschen Weins bin, würde ich mit Riesling, Grauburgunder, einer edelsüßen Sorte im Prädikatsbereich Auslese, Beerenauslese, Trockenbeerenauslese oder Eiswein beginnen. Bei den Rotweinen empfehle ich feinfruchtige bis kräftig-herbe Sorten.

Man sollte aber unbedingt auch internationale Weine hinzufügen, denn die typischen Klassiker unter den Weinen und Schokoladen dürfen nicht fehlen. Beste Beispiele sind Weine aus dem Roussillon, der Vin doux naturel sowie Portweine und Sherrys. Beim deutschen Wein ist seine Filigranität, Vielschichtigkeit im Aromenspiel und in seinen Duftkomponenten besonders hervorzuheben. Er ist so unglaublich differenziert, wie man es bei vielen internationalen Weinen selten findet. Allerdings ist seine Säure oft wesentlich schwieriger mit der Schokolade zu vereinbaren. Nicht übersehen darf man dabei, dass man beim Wein den Säuregehalt in Promille (also Tausendstel) angibt, bei der Schokolade aber in Prozent (Hundertstel). Riesling weist in der Regel zwischen 6,0 und 9,5 Promille und Rotwein zwischen 4,0 und 6,5 Promille Säure auf. Die Kakao-bohne enthält dagegen rund sechs Prozent (!) Säure.

So wie wir zu unserer Verkostung alle drei Schokoladenarten verwenden dürfen – die weiße Schokolade, die Milchschokolade und die edelherbe oder dunkle Schokolade –, können wir auch die drei Weintypen Weiß, Rosé und Rot auswählen, dazu die Varianten süß und aufgespritet, trocken und herb.

Das Zubehör

Die Weine und Schokoladen wurden schon angesprochen. Auf einem schönen Tisch sollten ein geeignetes Rot- und ein Weißweinglas stehen, ebenso ein Wasserglas und viel Wasser, am besten mit wenig oder gleich ein stilles Wasser ohne Kohlensäure. Nach jedem Schokoladen-Wein-Gang sollte man unbedingt mit Wasser neutralisieren. Auch ein neutrales Weißbrot ist für die Geschmacksknospen ein guter Puffer; Schwarz- oder Graubrote eignen sich nicht, sie verfälschen die Genusskombinationen. Jeder Proband bekommt einen Teller, auf den die Schokoladen-Rippchen gelegt werden können. Man rechnet pro Probe mit zwei Rippchen. Das hört sich wenig an, ist aber ausreichend. Eine Serviette zum Händeabwischen ist ebenfalls hilfreich. Denken Sie bitte auch an ein Ausgussglas für den eventuell zu viel eingeschenkten Wein, denn Spucken ist tabu! Geröstete Kakaobohnen und getrocknete Kakaoschoten kommen als Dekoration immer gut an.

Geräusche, Hintergrund und Temperatur

Da sich Geschmack bei 99 Prozent der sehenden Menschen auch über Hören und Sehen definiert, achtet ein Proband beispielsweise erst auf das Knacken einer Möhre, bevor er den Geschmack überhaupt wahrnimmt. Daher sollte der Raum für die Verkostung behaglich hergerichtet sein, damit man auch Lust auf Genuss verspürt. Es darf auch leise Musik im Hintergrund erklingen, nur sollte man darauf achten, dass sie nicht zu laut ist, damit die Knackgeräusche der Schokolade deutlich wahrnehmbar bleiben.

Die Temperatur ist ebenfalls ein wichtiges Kriterium bei einer Wein- und Schokoladendegustation. Zunächst müssen die Weine die richtige Temperatur haben.

Daher sollte das Raumklima nicht über 23 °C betragen, ideal sind 18 bis 20 °C. Bei den Weinen sollte man auf die empfohlene Trinktemperatur achten. Diese liegt bei Weißwein zwischen 6 und 12 °C, für junge, leichtere, frische im kühleren Bereich, für opulente und extraktreichere etwas höheren, aber immer noch kühlen Bereich. Rosés munden am besten zwischen 10 und 14 °C. Rotweine entfalten ihre Stärken zwischen 15 und 19 °C. Alte Regeln besagen, dass Rotweine bei Zimmertemperatur genossen werden sollten. Aber als dieser Rat gegeben wurde, ging man noch von schlecht beheizten Räumen zwischen 16 und maximal 18 °C aus. Daran sollten wir uns heute erinnern, wenn wir einen Rotwein entkorken. Zimmertemperaturen von nicht selten 24 °C lassen die Rotweine mit ihren oft hohen Alkoholwerten brandig und zu alkohollastig erscheinen.

Schokolade wird am besten zwischen 12 und 18 °C aufbewahrt und zwischen 18 und 21 °C konsumiert. Niemals bei Kühlschranktemperatur! Ist die Schokolade zu kalt, haben wir ein bröseliges Mundgefühl. Sie schmilzt zu langsam im Mund und kann ihre Aromen nicht entfalten. Das kennen wir auch von zu kalten Digestifs und Weinen. Jede gute Schokolade hat ein reiches Bukett an Duftaromen, aber diese kommen bei zu kalten Temperaturen nicht voll zur Geltung. Zu warm gelagerte und konsumierte Schokoladen bereiten gleich mehrere Probleme: Nicht nur die Konsistenz wird weich, sondern auch das gewünschte Knackgeräusch, an dem wir die Qualität sowie die Conchierung erkennen können, verliert sich. Außerdem lösen sich die Alpha- und Beta-Moleküle der Kakaobutter auf und die Schokolade wird grau und unansehnlich.

Sehen, hören, fühlen

Die Beleuchtung muss ausreichend sein, damit man die verschiedenen Brauntöne der Schokolade auch gut sehen kann. Kerzenlicht, so romantisch es auch sein mag, reicht dafür nicht aus.

Bei Düften und Blumen sollte man zurückhaltend sein, da diese nicht dominant sein dürfen, damit die feinen Aromen der Schokolade und des Weines voll wahrgenommen werden können.

Wir betrachten beim Wein die Farben, die – wie bereits beschrieben – so unglaublich vielschichtig sein können. Die diversen Nuancen können sehr schön beobachtet werden, wenn man das Glas über eine weiße Tischdecke oder ein Stück weißes Papier hält.

Ganz ähnlich verhält es sich mit der Schokolade. In der Schokolade erkennen wir eine große Bandbreite an Brauntönen. Dies hängt aber nur teilweise mit dem Kakaogehalt zusammen. Es gibt auch Kakaosorten, besonders aus Java, mit einer eindeutig helleren Farbe.

Durch das Fühlen können wir einen Eindruck von der Konsistenz und der Textur der Schokolade ertasten, wenn wir das gute Stück nicht zu lange in den Händen halten: Der Beginn der Schmelztemperatur liegt schon bei 25 °C.

Eine weitere Besonderheit ist das bereits erwähnte Knackgeräusch. Wir sollten grundsätzlich das Schokoladenstück auseinanderbrechen. Denn dadurch erhalten wir schon einige Informationen über die Qualität. Das Geräusch und das ölige Aussehen sagen zwar wenig über den Geschmack aus, aber über die Qualität der Verarbeitung. Nur hochwertige und ausreichend conchierte Schokoladen haben einen hellen, harten Knackton. Aber auch hier ist die Temperatur wichtig, mehr als 23 °C stören den Ton. Je tiefer eine Schokolade bricht, bis hin zum einfachen »Ploppen«, desto eher muss man davon ausgehen, dass sie nur wenige Stunden conchiert wurde oder – was noch viel schlimmer ist – ein Austauschfett wie Palm- oder Erdnussfett verarbeitet worden ist. Auch die Bruchkante, bröselig oder scharf, gibt Hinweise auf die Qualität. Gute Schokolade hat scharfkantige, saubere Brüche. Sie wird im Mund ein feines, zartes, seidiges und cremiges Gefühl hinterlassen, ohne den Gaumen zu belegen oder mit einem Fettfilm zu überziehen. Schlecht verarbeitete Schokolade kommt uns sandig, grießig vor, sie erscheint uns unharmonisch, körnig und spröde im Mund.

Riechen und schmecken

Geruch und Geschmack sind für unsere Verkostung von größter Bedeutung. Dabei ist es mit unserer Zunge nicht ganz so weit her, wie wir oft glauben. Gerade einmal fünf verschiedene Geschmacksempfindungen können wir mit unserer Zunge abdecken. Unsere Geschmackspapillen unterscheiden süß, salzig, sauer, bitter dazu noch *umami* (aus dem Japanischen kommend und »köstlich« oder »herzhaft« bedeutend, auch dem Geschmacksverstärker Glutamat zugeordnet). Auf unserer Zunge befinden sich sogenannte Geschmacksfelder, deren Region für die fünf Geschmacksdefinitionen unterschiedlich empfindlich sind. Süß nehmen wir hauptsächlich vorne an der Spitze der Zunge wahr, bitter hingegen eher im hinteren Bereich der Zunge an ihrer Basis. Salzig schmecken wir im gesamten Randbereich der Zunge und sauer wird in der Zungenmitte an den Rändern wahrgenommen.

Für den großen Rest der für uns Menschen riech- und schmeckbaren Unterschiede von sagenhaften 30 000 Aromen und Eindrücken müssen wir unsere Riechrezeptoren in den Nasenschleimhäuten und im Rachenraum aktivieren. Allmählich wird verständlich, dass Riechen und Schmecken fast untrennbar miteinander verbunden sind. Wenn wir verschnupft sind – körperlich, nicht mental –, können wir zwar die erwähnten Geschmacksfelder auseinander halten, aber unsere Riechrezeptoren sind massiv eingeschränkt. Egal, was wir essen, es schmeckt alles gleich langweilig, weil wir nicht mehr in der Lage sind, die vielen tausend Variationen an Geruchs- und Geschmackseindrücken aufzunehmen. Probieren Sie es einmal aus: Halten Sie sich beim Essen oder Trinken die Nase zu und Sie werden außer den Geschmacksrichtungen süß, sauer, bitter und salzig keine geschmacklichen Nuancen mehr wahrnehmen können.

Zurück zu unserer Degustation: Zuerst riechen wir am Wein. Wir nehmen das Glas und halten unsere Nase hinein. Dies macht man, um zu probieren, wie intensiv der Wein ohne die Bewegung und Verbindung mit Sauerstoff in der Nase wirkt. Dann schwenken wir das Weinglas in einer kreisrunden Handbewegung und erzeugen darin einen kleinen Wirbelsturm. Bei ungenügender Übung ist darauf zu achten, dass man seinem Tischnachbarn nicht zu nahe kommt, denn bei zu viel Schwung landet der gute Tropfen möglicherweise auf Hemd oder Hose. Wenn Sie kein Risiko eingehen wollen, drehen Sie das Glas einfach auf dem Tisch. Dieses Manöver ist notwendig, damit sich die Aromen im Wein mit dem Sauerstoff verbinden. Halten Sie die Nase direkt ins das Auge des Hurrikans, atmen Sie die ganze Aromenvielfalt ein. Allein diese Fülle von Gerüchen ist fast schöner als das Trinken an sich, ganz sicher ist es ein elementarer Bestandteil des Weingenusses. Der Vergleich mit der Erotik drängt sich auf: Das eine ist das Vorspiel, dann kommt der Höhepunkt. Wir riechen von Früchten fast die komplette Fruchtpalette von A wie Ananas bis Z wie Zitrus, ebenso blumige Düfte und vegetative, kräutrige, würzige bis hin zu animalischen Noten.

Beim Duft von Schokolade machen wir ähnliche Erfahrungen. Alle Variationen, die wir beim Wein entdeckt haben, finden wir auch hier. Der Duft einer guten Schokolade betört die Sinne. Er vermittelt Exotik, Erotik, Sinnlichkeit, Ferne und Abenteuer. Dazu schließt man die Augen und lässt sich in diese einmalige Geruchswelt entführen.

Wir stellen uns Fragen: Riecht man die Kakaonoten sehr stark, intensiv, schwach oder dezent? Denken wir an Milch und Honig, an würzig, kräutrig, an Wein, Vanille, an Früchte oder an Karamell und Lakritze, Malz, möglicherweise sogar an Tabak? Übrigens: Schokoladen aus kubanischen Bohnen riechen nicht nur nach Tabak, sie haben auch geschmacklich leichte Tabakaromen. Wieder ein Faktor mehr, der Schokolade und Wein zusammenbringt.

Riechen Sie an der Bruchkante direkt nach dem Auseinanderbrechen der Schokolade, dann ist der Kakaoduft am stärksten, ähnlich den sich entwickelnden Weinaromen beim Schwenken des Glases.

Der nächste Schritt: Nachdem man am Wein gerochen hat, führt man das Glas zum
Mund und schlürft den Wein. Dies darf man getrost tun, nur für Unwissende hört es
sich vielleicht unanständig an. Das Schlürfen bewirkt, dass sich der Wein intensiv mit
Sauerstoff verbindet und die Geruchsrezeptoren, mit denen wir bis in den Rachenraum hinein ausgerüstet sind, die ganze Aromenvielfalt abbekommen. Außerdem
verteilen wir so den Wein im ganzen Mundbereich. Nun kommen die Geschmacksfelder der Zunge ins Spiel, sie melden uns die Empfindungen sauer, süß, bitter und herb.

Mit der Schokolade gehen wir ganz ähnlich vor. Zwar wird hier beim Verkosten nicht
geschlürft, was ja auch schlecht möglich wäre, aber wir nehmen ein Rippchen Schokolade in den Mund und lassen es zergehen. Mit der Zunge kleiden wir den Gaumen
aus. Eine gute Qualität muss zart im Mund zergehen, seidig-geschmeidig, cremig in
ihrer Textur und langanhaltend im Geschmack sein.

Sie darf sich niemals sandig-rau oder gar krümelig, grob oder talgig und fettig im Mund anfühlen. Viele der Geruchsnoten, die man beim Riechen entdeckt, werden sich nun im Geschmack wiederfinden. Wenn die Schokolade auch noch mit Gewürzen oder Fruchtaromen gesegnet ist, wird es sehr interessant.

Doch nun kommen wir wirklich zum Höhepunkt der geschmacklichen Vereinigung.

Damit alles gelingt, muss man sich unbedingt an die folgenden Regeln halten:

1. Zuerst immer den Wein alleine probieren.

2. Nun die Schokolade fühlen, ansehen, riechen, auf das Knackgeräusch achten.

3. Jetzt etwas von der Schokolade alleine probieren. Den größeren Rest des Schokoladenstücks in den Mund schieben, schmelzen lassen, nicht schlucken, sondern den Mund ganz damit auskleiden.

4. Dann fließt ein Schluck Wein in diese Schokoladenhöhle. Besonders wichtig: Wein und Schokolade müssen sich im Mund vereinigen und bewegt werden. Erst jetzt darf man das Ganze in Richtung Schlund und Speiseröhre bewegen und schlucken.

5. Nach frühestens sechs Sekunden folgt ein weiterer Schluck Wein, um die neue Geschmackserfahrung zu verstärken.

Vielleicht mutet diese Prozedur etwas kompliziert an. Aber keine Sorge, es geht ja nicht um ein Schokoladen-Wein-Abitur. Nach zwei bis drei Durchgängen klappt alles wie von selbst.

Ganz elementar sind die Eindrücke, die mit den Sinnen erfasst werden: Zuerst beide Produkte für sich alleine in ihrer Geschmacks- und Geruchsvielfalt. Dann beide zusammen im Mund, der zur »Genusskathedrale« wird, und am Schluss nochmals der Wein, wie er sich im Abgang zeigt.

Zuerst dominieren die Aromen der Schokolade, dann kommen die des Weins eigenständig hinzu. Augenblicklich begegnen sich beide Geschmackskomponenten und vermischen sich. Es gibt enorm viele Variationen von geschmacklichen Entwicklungen, Steigerungen, Höhenflügen, Loopings und Explosionen. Allerdings, das darf nicht unerwähnt bleiben, sind auch Abstürze und Langeweile nicht ausgeschlossen.

Ich vergleiche diese Degustation gerne mit der Ehe. Es gibt die perfekte Harmonie von Traumpaaren, totale Ergänzung und gegenseitiges Aufbauen; die Partner unterstützen die Stärken des anderen, übertünchen Schwächen und Ungereimtheiten. Das Zusammensein beginnt mit dem Flirt, wächst sich zur Liebe aus und erreicht den Höhepunkt. Aber, seien wir ehrlich, auch auf Disharmonie, Dominanz eines Partners, Reibung und Unverträglichkeit muss man sich einstellen.

Es harmoniert nicht jede Schokolade mit jedem Wein, aber viel mehr, als manche glauben wollen. Die richtige Kombination beflügelt alle der Sinne im Mund.

Viele Aromen und Verbindungen passen perfekt zusammen und ergeben ein Geschmackserlebnis, das man nicht wieder vergisst.

Genussregeln in Kürze

Passendes Ambiente schaffen, z.B. Beleuchtung, Dekoration usw.

Am besten drei Gläser pro Person – zwei Weingläser, ein Wasserglas.

Weißbrot zum Neutralisieren.

Teller mit den Schokoladen aufstellen.

Viel Wasser, wenn möglich ohne Kohlensäure

Papier und Bleistift um Erfahrungen eventuell schriftlich festzuhalten.

Schokolade und Wein sollten die richtige Genusstemperatur aufweisen.

Zuerst den Wein sehen, riechen, schmecken.

Die Schokolade ansehen, auseinanderbrechen, ein Stück probieren. Nun ganz in den Mund nehmen. Nur ganz grob zerkauen, dann im Mund schmelzen lassen, nicht schlucken.

Wein auf die geschmolzene Schokolade fließen lassen. Schokolade und Wein müssen sich im Mund verbinden. Dann schlucken.

Nach sechs bis acht Sekunden noch einen Schluck Wein nehmen.

Lassen Sie es sich gut gehen und reden Sie mit den Partnern über die Genusserfahrung.

Noch ein Extratipp zum guten Schluss: Verzichten Sie möglichst auf allzu starken Parfüm- oder Rasierwassereinsatz. So verführerisch dieser »Lockstoff« auch sein mag, bei einer Degustation wirkt er eher störend denn betörend.

Welcher Wein passt
zu welcher Schokolade?

Bei allen nationalen und internationalen Weinen sind Klima, Boden, Pflege, Ernte und Ausbau für die Qualität entscheidend. Der individuelle Stil der Erzeuger ist vielfältig und prägend, er führt häufig zu großen Unterschieden in Geschmack und Ausdruck – sowohl bei Weiß- als auch bei Rotweinen. Insbesondere bei internationalen Weinen sind oft durch den Verschnitt sowie die Spezialisierung des Ausbaus und den »persönlichen Fingerabdruck« des Kellermeisters eine ganz besondere Stil- und individuelle Geschmacksidentität des Weines schmeckbar. Riesling ist deshalb nicht gleich Riesling und Tempranillo nicht gleich Tempranillo. Daher ist es nicht möglich, auf alle Besonderheiten der Weingüter und ihrer Weinmacher einzugehen, obwohl das sicher interessant wäre. Die folgende Einteilung nach Sorten gibt einen Überblick über deren Besonderheiten und beantwortet vor allem die Frage, mit welchen Schokoladen sie gut oder eventuell auch weniger gut harmonieren.

Farbschema zur schnellen Zuordnung

Milchschokolade
30–49 % Kakaoanteil

Halbbitter-Schokolade
50–60 % Kakaoanteil

Edelherbe Schokolade
61–75 % Kakaoanteil

Extra dunkle Schokolade
>76 % Kakaoanteil

Weiße Schokolade

Schokolade
mit Nüssen

Schokolade
gewürzt / aromatisiert

Weißweine

Riesling, der »König der Weißweine«

Wenn man von einem König spricht, sollte diese krönende Einschätzung auch begründet sein. Kein Weißwein hat ein ausgeprägteres, filigraneres und komplexeres Geschmacks- und Geruchsbild als der Riesling. Insbesondere seine Fruchtaromen, Finesse, Mineralik und Säurestruktur sind einmalig. Nirgendwo auf der Welt gibt es bessere Rieslinge als in Deutschland. Wahrscheinlich handelt es sich sogar um eine einheimische Sorte, denn der Riesling stammt vermutlich von der Wildrebe *Vitis vinivera silvestris* ab. Schon im 11. Jahrhundert wurde er von seiner Heimat, dem Rheingau, aus in ganz Deutschland verbreitet. Heute gehört er mit einem 25-prozentigen Anteil an der Rebfläche zu den meistangebauten Sorten in Deutschland. Weitere Anbauländer sind Österreich, die Schweiz, das Elsass, inzwischen gehören auch die USA und Neuseeland dazu. Sehr wichtig für den Riesling sind kühle Nächte, damit er sein Spiel von Säure und Frucht ausbilden kann. Meiner Meinung nach wachsen die besten Rieslinge im Rheingau, Nahetal, an der Mosel, in der Pfalz und in Baden. Weil die Rebe hohe Ansprüche an Lage und Boden stellt, ist die Gesteinszusammensetzung sehr wichtig. Mineralische Untergründe wie Schiefer, Vulkan/Basalt, Muschelkalk und Granit sind entscheidend. Dieses Terroir kann man im Wein deutlich schmecken. Vielleicht haben Sie während eines Aufenthalts am Meer beim Einatmen der gesunden Luft schon das Salz schmecken können, ähnlich schmeckt man die Mineralität im Wein.

Nicht der Alkohol ist hier ausschlaggebend. Moselrieslinge mit sieben bis zehn Prozent überzeugen schon mit einem fantastischen Geschmacksbild. Wichtig beim Riesling sind die Extrakt-, Geschmacks- und Fruchtaromen. Sein Farbspiel ist hellgelb mit leicht grünlichen Reflexen, im Alter gelb bis golden. Duft und Geschmack erinnern an hell- und gelbfleischige Früchte wie Pfirsich, Aprikose, Apfel, Birne, ebenso an Exoten wie Ananas, Grapefruit, Orange und Limette. Bei reifen Rieslingen schmecken wir Honig und Banane sowie einen Petrolton heraus.

Für die Wein- und Schokoladendegustation sind die ganz jungen Gewächse weniger geeignet. Zu junge Rieslinge haben meist eine noch zu spitze Säure und besitzen auch noch zu viel Kohlensäure. Ideal sind Weine, die zwei oder drei Jahre alt sind. Besonders interessant sind auch ältere reife und süße bis edelsüße Rieslinge, da sich mit ihnen eine vollkommen andere Geschmackswelt auftut.

Die Aromen gehen dann von Dörrfrüchten über Banane, Mandel und Honig bis zu Petrol und sind besonders lecker zur Schokolade.

Welche Schokolade passt zum Riesling am besten?

Perfekt passt zum Riesling eine Schokolade, die Eigenschaften des Rieslings aufweist. Hier sind Milchschokoladen geradezu prädestiniert, obwohl ihr Kakaogehalt wesentlich geringer ist als der dunkler Schokolade, vor allem wenn sie z. B. etwas Salz enthalten. Die Milchschokolade unterstreicht zusammen mit dem Salz die Intensität des Fruchtspiels. Zu Rieslingen mit hoher Restsüße passt auch eine edelherbe Schokolade mit höherem Kakaoanteil (bis 75 Prozent) sehr gut. Der Riesling muss allerdings Reife, Frucht und Extrakt mitbringen, um mit der Schokolade zu harmonieren. Fruchtige edelherbe Schokoladen mit Anteilen von Orangenaromen passen wunderbar zu fruchtigen Rieslingen mit etwas höherem Restzucker, also Spät- und Auslesen. Bei diesen sollte der Kakaogehalt nicht über 70 Prozent liegen. Ich selbst habe mit einer der bekanntesten deutschen Sommelièren, *Claudia Stern*, Köln, eine speziell passende Schokolade zu fast allen Rieslingtypen entwickelt. Wir arbeiten schon viele Jahre zusammen, da das Thema Schokolade und Wein auch ihre Passion ist. Sie ist eine der ersten Sommelièren, die hierzulande die Bedeutung dieser Geschmacksverbindungen erkannten. Manchem mag es überraschend erscheinen, dass wir eine Milchschokolade mit 36 Prozent Kakaoanteil verwenden. Die Bohnen für diese Schokolade sind *Trinitarios* aus Papua-Neuguinea, die zarte Kakaoaromen mit leichten

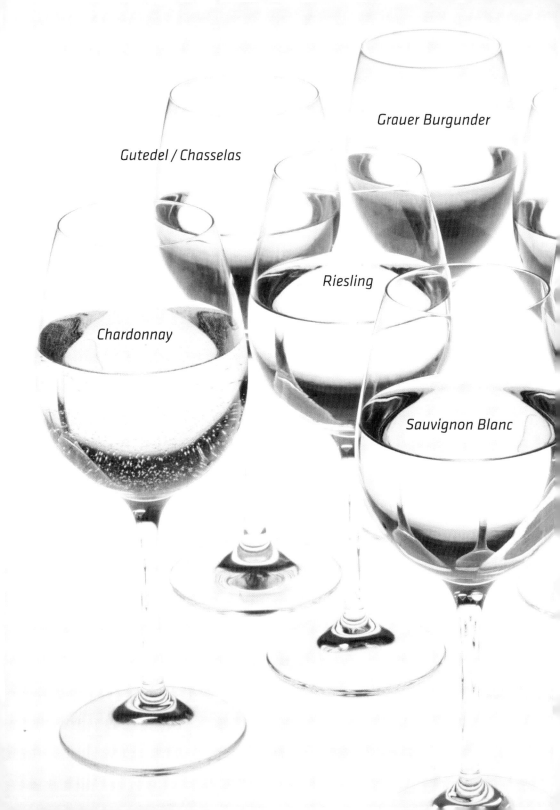

Gutedel / Chasselas

Grauer Burgunder

Riesling

Chardonnay

Sauvignon Blanc

Karamelltönen besitzen. Die Schokolade ist nicht zu dominant und unterstützt die Fruchtkomponenten des Weins. Ihr werden Fruchtaromen unter anderem von Orange, Limette, Grapefruit und Zitrus zugegeben. Diese finden sich auch im Riesling wieder und machen die Schokolade zusätzlich frisch und fruchtig. Als besondere geschmackliche Herausforderung enthält die Schokolade einen Hauch von Meersalz, Fleur de Sel, das besonders schnell auf der Zunge zergeht. Ich beziehe es von einer Saline in der Nähe von Fulcaliente auf der Kanareninsel La Palma. Ich kann sicher sein, dass in die dortigen Salzgärten sauberes Atlantikwasser geleitet wird. Über die Vielschichtigkeit und Unterschiede von Salz könnte ein ganzes Buch geschrieben werden. Normales Steinsalz wäre für die Schokolade zu scharf und dominant und würde sich nicht harmonisch in das Geschmacksbild einfügen.

Auf Salz lege ich großen Wert, weil Riesling intensive mineralische Geschmacksmerkmale aufweist und wir diese in der Schokolade durch Salz aufgreifen. Wir tauften diese Schokolade *Papua Umami*. Selbstverständlich verwenden wir kein Glutamat, denn schädliche Geschmacksverstärker, wie sie in der industriellen Produktion leider immer wieder verwendet werden, sind unnötig und für uns tabu. Die Natur kann es besser: Salz, Zucker, Zitronensaft oder -säure sind natürliche Geschmacksverstärker. Das kristalline Salz löst sich in Wasser auf, vermischt sich so auch mit dem Wein im Mund. Daher werden Aromen und Geschmack des Rieslings in den meisten Fällen intensiver wahrgenommen, denn die Schokolade holt den Wein quasi am Gaumen ab und lässt ihn regelrecht im Mund explodieren. Die Aromen der Früchte und die Frische werden enorm verstärkt und bilden eine perfekte Verbindung mit allen Rieslingen, von trocken bis edelsüß.

Fleur de Sel

Grauer Burgunder

Der Clan der Burgunder dürfte wohl einer der bedeutendsten in der Weinwelt sein. Nicht nur Weißweine wie der Graue Burgunder – in der lieblichen Variante als Ruländer bekannt, als Pinot Gris in Frankreich oder als Pinot Grigio in Italien – und der Weißburgunder (Pinot blanc) sowie Auxerrois oder die Rotweine wie Spätburgunder (Pinot Noir), Schwarzriesling (Pinot Meunier) und seine Spielarten wie Frühburgunder (Clevner in Württemberg) und Samtrot sind Mitglieder dieser fruchtbaren Familie.

Der Grauburgunder ist eine Mutation des Spätburgunders und seit dem 14. Jahrhundert in Deutschland zu finden. In Deutschland sind rund vier Prozent der Anbaufläche mit dieser Rebe bestockt. Bekannt geworden ist er als Ruländer, dabei stand der Kaufmann *Johann Seger Ruland* aus Speyer Pate, weil dieser mit dem Wein Anfang des 18. Jahrhunderts handelte. Grauburgunder wird von einigen Erzeugern mit einem trocken ausgebauten Wein gleichgesetzt; der als Ruländer bezeichnete hat für die Trauben eine längere Reifezeit, wodurch der Wein lieblicher und im Vergleich eher mächtig ausgebaut ist. Oft hat er dadurch auch eine Botrytisnote, die durch die Edelfäule entsteht. Seine Farbe ist strohgelb, in reiferem Stadium goldfarben bis rötlich schimmernd, da die vollreifen Trauben eine rötliche Färbung annehmen. Seine Konsistenz ist fett bis ölig. Geschmack und Duft des Ruländers erinnern an Honig, Mandeln, Aprikose, Birnenkompott und Petrolnoten. Außerdem hat er wenig Säure. Aber diese Art des Ausbaus ist inzwischen wegen der fortschreitenden Vorliebe für trockenere Weine nicht mehr sehr gefragt.

Der heutige Stil des Grauen Burgunders dagegen hat viele Freunde, weil dieser Wein ein wunderbarer Essensbegleiter ist. Dank schlanker Ausbaumethoden eignet er sich auch als vorzüglicher Sommerwein. Seinen Charakter als vollmundiger, kräftiger, extraktreicher bis wuchtiger Wein mit langem Abgang und mächtigem Alkohol entfaltet der Grauburgunder besonders eindrucksvoll, wenn das Lesegut hochwertig ist. Der Graue Burgunder verdankt seinen hohen Bekanntheitsgrad auch seinem italienischen Bruder, dem Pinot Grigio, der nicht nur bei Italienfans zu einer Art Modegetränk geworden ist, obwohl er nicht immer sortenrein aus Italien zu uns kommt, sondern häufig mit ertragskräftigem Verduzzo aufgepeppt wird. Das Spektrum der Aromen reicht von Birnenkompott, Aprikosen und Honigmelone über Banane bis Quitte. Bei Weinen, die im großen Holz- oder kleinen Barriquefass ausgebaut wurden, finden wir nussig-vanillige Aromen, ebenso Speck und Karamell sowie sahnig-laktische Noten wie Butter und Sahne mit cremig-zartem Mundgefühl. Beim Abgang kommt eine leichte herbbittere Note hinzu.

Welche Schokolade zum Grauen Burgunder?

Der Graue Burgunder aus dem Holzfass gibt uns schon mehr als einen perfekten Pass, nein er ist eine Steilvorlage für den Genuss mit Schokolade. Die cremigen, nussigen und sahnigen Komponenten machen ihn zum vollendeten Partner für ein Traumtor, um in der Fußballsprache zu bleiben. Milchschokolade eignet sich als idealer Begleiter, vorzugsweise mit einem Kakaogehalt zwischen 36 und 45 Prozent. Lagenkakao aus Rio Huimbi oder Papua-Neuguinea erfüllt die Voraussetzungen am besten, besonders wenn noch etwas Pfeffer ins Spiel kommt. Der Pfeffer schließt die Aromen des Weins in verblüffender Weise auf. Die besten Erfahrungen habe ich mit einem roten Pfeffer von der westindischen Gewürzküste in Kerala gemacht. Das ist nicht der konventionelle rosa Beerenpfeffer (*Schinus*), sondern ein vollreifer Pfeffer, der unter schwierigsten Bedingungen getrocknet wird, damit er nicht verdirbt. Er hat ein einzigartiges volles Aroma ohne dominierende Schärfe. In Verbindung mit den sahnig-karamelligen und vanilligen Aromen der Milchschokolade – Kakao aus Papua weist einen intensiven Geschmack nach Karamell auf – und der ähnlichen Geschmacksnote eines Grauen Burgunders aus dem Barrique werden diese Aromen um ein Vielfaches verstärkt. Im Abgang kommen dann plötzlich die Fruchtaromen und die Schärfe des Pfeffers intensiv nach vorne, dabei waren sie vorher kaum bemerkbar.

Macadamianuss   *Haselnüsse*

Das ist ein Traumpaar, bei dem auch die im Grauburgunder oft als zu stark empfundenen Alkoholtöne minimiert werden und somit der Wein deutlich leichter und fruchtiger erscheint, als er in Wirklichkeit ist. Bei leichteren Grauburgundern ist eine Milchschokolade mit Hasel- oder Macadamianüssen eine sehr schöne Bereicherung. Beim Ruländer, dem mächtiger und süß ausgebauten Bruder, kann es durchaus eine edelherbe Schokolade sein, aber der Kakaoanteil sollte nicht mehr als 70 Prozent betragen, da sonst der Kakao zu stark das Kommando übernimmt. Die Säure des Kakaos darf etwas stärker sein, da der Ruländer weniger davon besitzt. Schokolade aus ostafrikanischen Ländern wie Tansania und Uganda ist recht spannend, auch wenn sie aus der Familie der *Forastero* hergestellt wird. Eine *Arriba Nacional* aus Ecuador passt ebenfalls gut.

Chardonnay

Der Chardonnay ist mit dem Riesling die meistangebaute Weißweinsorte der Welt. Seine Ansprüche an Boden und Klima sind gering. Man könnte fast sagen, dass er auf jedem Kartoffelacker wächst. Der Chardonnay kommt wie der Grauburgunder aus der Pinot-Familie und zeigt sich sehr kreuzungs- und mutationsfreudig. Die ursprüngliche Heimat des Chardonnays ist Burgund, besonders bekannt sind die Lagen von Puligny-Montrachet, Meursault und Chablis. Sein Aromenspiel ist weniger vielfältig als jenes des Rieslings. Sein Geschmack ist würzig, die Fruchtaromen erinnern an unreife Äpfel, Melone, Pfirsich und Grapefruit. Bei seinen vegetativen Noten glaubt man, Gras zu schmecken. Die Farbe variiert von hell- bis goldgelb. Da der Chardonnay wie sein Verwandter, der Grauburgunder, auch gerne zu alkoholischen Höchstleistungen tendiert, hat er oft das Problem, dass sein Geschmacksbild davon dominiert wird und er sehr breit, ja manchmal sogar langweilig wirkt. Im Barrique kann er zu sehr komplexen Weinen ausgebaut werden. Nussig-cremige Eigenschaften sind hier maßgebend. Seine Aromen erinnern an Karamell und Butterkeks mit laktisch-sahnigen Noten. Durch den Holzeinsatz kommt auch eine intensive Vanillenote zum Vorschein. Je nach Dauer der Reife im Holzfass entwickeln sich auch kräftige bis zarte Raucharomen und Kaffeetöne, die natürlich perfekt in das Aromenbild von Nüssen und Karamell passen.

Welch ein vollkommener Begleiter zur Schokolade!

Welche Schokolade zum Chardonnay?

Da auch dieser Wein in seiner Struktur und seinen Aromen dem Grauen Burgunder sehr nahe kommt, können wir die gleichen Schokoladen verwenden. Eine cremig-kräftige Milchschokolade mit Kakaoanteilen bis 45 Prozent mit Pfeffer oder Nüssen passt sehr gut und lässt selbst fette und breite Burschen plötzlich filigraner und vor allen Dingen wesentlich fruchtiger erscheinen. Die Fruchtaromen des Chardonnay – Aprikose, Pfirsich und Melone – werden verstärkt. Ist der Wein im Holz ausge-baut, begleiten ihn die sahnig-nussig-vanilligen Aromen der Schokolade perfekt, es ergibt sich eine vollkommene Harmonie zwischen Wein und Schokolade. Interessant schmeckt dazu auch eine Edelschokolade mit einem Kakaoanteil bis 60 Prozent, der etwas kräftigere Kakaoaromen ins Spiel bringt.

Als dunkle Schokolade eignet sich eine nicht so intensiv kakaobetonte Sorte, die nicht viel Säure aufweist, beispielsweise eine Lagenschokolade aus Kuba mit einem Kakaogehalt von 70 Prozent.

Weißburgunder

Zeigen sich die Geschmacksbilder von Grauburgunder und Chardonnay ähnlich, prä-sentiert sich der Weißburgunder völlig anders, obwohl auch er – wie bereits erwähnt – aus der Familie der Pinots kommt. Äußerlich ist er vom Chardonnay und dem Auxerrois kaum zu unterscheiden. Im Elsass, wo er schon im 15. Jahrhundert ange-baut wurde, heißt er manchmal noch Clevner, im übrigen Frankreich tritt er als Pinot blanc auf, die Italiener nennen ihn Pinot bianco. Auch in der Schweiz und Österreich

ist er zu Hause. In Deutschland kommt er häufig in Baden vor. Der Weißburgunder benötigt zwar die kühleren klimatischen Bedingungen nicht so sehr wie der Riesling, um seine Fruchtaromen auszuprägen und seine feine Säurestruktur zu erhalten, doch zu warme Regionen machen ihn flach.

Seine Farbe ist eher etwas blassgelb mit leicht grünlichen Reflexen. In seinen Fruchtaromen finden sich Haselnuss, grüne Nüsse, Birne, Apfel, Aprikose, Quitte, außerdem Zitrusaromen und frische Ananas. Auch Akazie, Fenchel, grüne Bohnen oder Weißdorn und sogar Gummibärchen lassen sich erkennen. Der Weißburgunder ist er eher ein Begleiter zu leichten Speisen und zum Genuss auf der Sommerterrasse. Im Barrique hat er meiner Ansicht nach nichts zu suchen, da seine feinen Aromen sonst vom Holz erschlagen würden. Allerdings ist es besonders begabten Winzern vereinzelt gelungen, mithilfe des Barriques einen äußerst kraftvollen Wein zu erschaffen, der sich mit dem Holz verbindet, ohne untergebuttert zu werden.

Welche Schokolade zum Weißburgunder?

Das ist zwar nicht ganz einfach zu beantworten, aber wir können trotzdem mehrere Möglichkeiten anbieten, die Genussvergnügen garantieren. Beginnen wir mit einer feinen Milchschokolade mit Hasel- oder Macadamianüssen, die das nussige Aroma des Weins unterstützen. Dabei ergibt sich ein interessantes Zusammenspiel aus Frucht, Säure und Zartheit von Wein und Schokolade gleichermaßen. Die etwas dezenteren Kakaoaromen machen den Wein fruchtig und lebendig.

Mit edelherben Schokoladen darf man ebenfalls experimentieren. Besonders aromatisch sind Schokoladen mit maximal 70-prozentigem Kakaoanteil, am besten nur aus Edelbohnen hergestellt, da sie sonst eine zu bittere Komponente aufweisen.

Dafür eignen sich sehr fruchtige Schokoladen, z. B. aus Kakaobohnen der Dominikanischen Republik mit einem Kakaogehalt von ebenfalls höchstens 70 Prozent. Dabei darf jedoch die Kakaosäure nicht zu dominant sein. Bei einer Verkostung zusammen mit lieblichen und edelsüßen Weißburgundern sollte bei maximal 75 Prozent Kakaoanteil Schluss sein, sonst hat der Wein keine Chance, sein Potenzial zu entfalten.

Eine köstliche Variante ist die Verbindung von Weißburgunder mit einer Wildkakaoschokolade aus Bolivien.

Auxerrois

Auch diese Weißweinsorte stammt von der Burgunderrebe ab. Ihre Heimat ist wahrscheinlich die französische Grafschaft Auxerre. Heute wird sie unter anderem im Elsass, in der Pfalz, im Markgräflerland und Kraichgau angebaut. Ihr Aussehen ähnelt dem des Weißburgunders und Chardonnays. Die Farbe ist überwiegend blassgelb mit leicht grünen Reflexen. Die Säure tritt nicht zu markant auf. Der Geschmack erinnert an Honigmelone und Aprikose sowie an eine sehr dezente Zitrusnote, auch Quitte lässt sich aufspüren.

Welche Schokolade zum Auxerrois?

Zum Auxerrois passt eine fruchtig-edelherbe Schokolade mit einem Kakaoanteil von nicht über 70 Prozent, am besten um die 60 Prozent. Empfehlenswert sind alle Schokoladen aus der Dominikanischen Republik, da sie ein schönes Fruchtbild haben und eine dezente Säure aufweisen, die dem Wein entgegenkommt. Auch eine edelherbe Schokolade mit etwas Meersalz oder eine Milchschokolade – aber nicht unter 35 Prozent Kakaoanteil – gehen mit dem Auxerrois eine wunderbare Verbindung ein.

Sauvignon Blanc

Zu einem internationalen Klassiker hat sich der Sauvignon Blanc entwickelt. Die alte Rebsorte, deren Herkunft man bisher noch nicht eindeutig bestimmen konnte, wurde erstmals im Jahr 1710 urkundlich erwähnt. Ihre Heimat ist das französische Loiretal. Der viel bekanntere Cabernet Sauvignon ist vermutlich aus dieser Rebsorte und dem Cabernet Franc entstanden. Sauvignon Blanc ist neben dem Kerner der einzige Weißwein, der annähernd mit dem Riesling verglichen werden kann. Er ergibt einen frischen Weißwein mit Fruchtaromen von schwarzen Johannisbeeren (oft sehr markant), Stachelbeeren, Aprikosen sowie reifen Pfirsichen und Grapefruits. Sein Geschmack erinnert auch an grüne Paprika, grüne Tomaten, Bohnen, Spargel sowie frisch geschnittenes Gras und Kräuter. In gemäßigtem, also nicht zu heißem Klima erreicht er die besten Ergebnisse in Geschmack, Frucht und Ausdruck. Seine Mineralität ist wie beim Riesling deutlich schmeckbar. Seine Farbe ist hell-wässrig mit grünen Reflexen bis blassgelb.

Die fruchtige Variante wird heute meist im Stahltank bei kühler Gärung produziert. Der Ausbau im kleinen Holzfass findet allerdings immer mehr Anklang. Für diese Methode sind nur die besten Qualitäten geeignet, sie fördern dann beeindruckende tropische Fruchtaromen zutage. Inzwischen ist der Sauvigon Blanc fast weltweit zu Hause, nicht nur in Frankreich, Italien, Kroatien, der Schweiz und Österreich. Insbesondere Neuseeland bringt dank seines gemäßigten Klimas hervorragende Qualitäten hervor, während Südafrika und Australien oft zu üppige und überaromatisierte Vertreter entsenden. In Deutschland wird Sauvignon Blanc auf rund 350 Hektar angebaut, Tendenz steigend.

Welche Schokolade zum Sauvignon Blanc?

Da der Sauvignon Blanc manche Ähnlichkeiten mit dem Riesling aufweist, passen auch die dort beschriebenen Schokoladen. Absolut problemlos ist eine feine Milchschokolade. Wenn diese noch etwas Salz oder sogar Zitrusnoten mitbringt, klappt das Zusammenspiel perfekt und es ergeben sich spannende Kombinationen, insbesondere bei der Entwicklung der mineralischen Geschmacksmerkmale.

Als edelherbe Schokolade darf eine *Arriba* oder Schokolade aus dominikanischen Bohnen mit 60 bis 70 Prozent Kakaoanteil verwendet werden. Wichtig ist, dass sie mit deutlichen Fruchtaromen ausgerüstet ist, ohne dass die Säure dominant wirkt. Auch eine Schokolade aus Perukakao führt zu feinen Geschmackserlebnissen. Edelherbe Schokoladen mit Fruchtzusätzen wie Johannisbeeren oder Erdbeeren machen Lust auf neue Entdeckungen.

Kerner

Trotz seines großartigen aromatischen Geschmacksbildes ist der Kerner fast in Verruf geraten. 1929 wurde er von *August Herold* an der staatlichen Weinbauschule in Weinsberg aus Trollinger und Riesling gezüchtet. Den Namen erhielt die Traube von dem Dichter und Arzt *Justinus* Kerner, der in Weinsberg lebte und dort im Kreise vieler Gäste so manchen Schoppen trank. Sein mit dem Riesling vergleichbarer Charakter trug zum Erfolg bei, denn er erreichte schon den dritten Platz in der Hitparade der meistangebauten deutschen Rebsorten. Leider machte man in den 60er- und

70er-Jahren des letzten Jahrhunderts mit lieblichem, auf Masse zielendem Ausbau einen großen Fehler. Häufig waren ausdruckslose Weine das Resultat solch mangelnder Wertschätzung. Im Ertrag reduziert und richtig ausgebaut, wie vom Forschungsinstitut in Weinsberg mit dem »Justinus K.« vorexerziert, ist der Kerner ein feinfruchtiger und rassiger Wein. Seine Farbe ist hell- bis strohgelb. Die Säure ist angenehm und frisch mit viel Fruchtschmelz. Sein Aroma ist würzig mit leichter Muskat- und feinen Noten von Zitrus, Orangenmarmelade mit Aprikose, grünen Äpfeln und Weingummi bis hin zu Eisbonbon.

Welche Schokolade zum Kerner?

Zum Kerner oder »Justinus K.« passen Schokoladen, die auch zum Riesling empfohlen werden: aromatisierte Milchschokoladen, Schokoladen mit Zitrusnoten sowie feine edelherbe Sorten mit natürlichen Fruchtaromen und dezenter Säure. Der Kakaoanteil sollte nicht über 70 Prozent liegen und das Kakaoaroma nicht zu laut, geschweige denn bitter sein. Ebenso geeignet sind Schokoladen mit dezentem Salzanteil. Je nach Ausdruck des Kerners harmonieren auch edelherbe Schokoladen mit Orangenanteilen oder Apfelstücken sehr aromatisch. Zum »Justinus K.« gesellt sich am besten eine dunkle Schokolade mit gerösteten Kakaokernen.

Silvaner

Der Silvaner wurde schon im ersten Jahrhundert nach Christus von *Plinius dem Älteren* erwähnt. Es wird vermutet, dass er aus Siebenbürgen (Transsilvanien) stammt. 1709 wurde die Rebsorte zum ersten Mal in den Annalen der Fürsten zu Castell in Franken erwähnt. In dieser Region wird sie noch heute am häufigsten angebaut. Weitere Anbaugebiete sind der Kaiserstuhl, Saale-Unstrut, die Pfalz, das Elsass, Österreich, die Schweiz und Südtirol. Die Farbe des Silvaners ist blass-wässrig bis hellgelb. Sein dezenter Duft erinnert an frisch geschnittenes Gras und mitunter ist er auch leicht erdig und vegetativ. Sein Geschmack und Aroma gehen in Richtung Stachelbeere, Birne, Ananas, Grapefruit, Artischocke und Minze. Interessant ist seine oft leichte Schärfe beim Abgang.

Silvaner aus Österreich

Welche Schokolade zum Silvaner?

Geeignet sind ausdrucksstarke und hochwertige Silvaner. Zu ihnen passt Schokolade, deren Kakaoanteil nicht höher als 70 Prozent liegt. Ist der Kakao herb, aber nicht bitter, wird die feine Schärfe des Weins verstärkt. Gut ist es, wenn die Schokolade etwas Frucht ohne zu dominante Kakaosäure mitbringt. Im Zusammenspiel besonders hervorgetan hat sich Lagenschokolade mit Santo-Domingo-Bohnen (Dominikanische Republik) mit ihren feinen Gewürznuancen von Zimtblüte und getrockneter Ananas. Milchschokoladen schaffen es meistens nicht, die Aromen herauszukitzeln.

Gutedel/Chasselas

Der Gutedel ist eine der ältesten Rebsorten der Welt, da er schon vor 5 000 Jahren in Ägypten angebaut wurde. Mit den Römern kam er nach Europa. Im 16. Jahrhundert wurde er in Chasselas (Frankreich) kultiviert, weshalb er – außerhalb von Baden – den Namen dieser Region trägt. In der Schweiz ist er als Fendant bekannt und beliebt. Württemberger und Franken haben den Gutedel seit dem 17. Jahrhundert angebaut, Ende des 18. Jahrhunderts war er im badischen Markgräfler Land besonders stark vertreten, wo er noch immer als die traditionelle regionale Sorte gilt. Die Weine sind hell und weisen einen ziemlich neutralen Geschmack auf. Es sind meist leichte, sehr bekömmliche Trinkweine. Die Sorte selbst wird gerne zum Kreuzen neuer Weintypen verwendet (z. B. Müller-Thurgau, Johanniter).

Welche Schokolade zum Gutedel/Chasselas?

Nur leichte Schokoladen zwischen 50 und 70 Prozent Kakaoanteilen mit wenigen Gerbstoffen eignen sich für den Gutedel. Stimmig sind auch Milchschokoladen ab 32 bis 40 Prozent Kakaoanteil. Feine Milchschokoladen aus Java- oder Papua-Bohnen können schön harmonieren.

Scheurebe

Es ist eigentlich schade, dass wir heute einer Rebe kaum noch Beachtung schenken, die ihre Wiege in der Nibelungenstadt Alzey hat, wo *Georg Scheu* 1916 an der Landes-anstalt für Rebenzüchtung zwei Sorten kreuzte. Eine ist als Riesling verbürgt, bei der anderen wurde lange Zeit an Silvaner gedacht; nach neuesten Forschungen dürfte es sich jedoch um eine Wildrebe handeln. Hauptsächlich in Rheinhessen, aber auch in kleinen Dependancen in Baden, an der Nahe und in der Pfalz hat die Scheurebe ein angestammtes Plätzchen. Sogar in Südengland stehen einige Reben. Leider hat der Massenanbau der erfolgreichen Rebsorte einen Bärendienst erwiesen, denn nur Weine im oberen Qualitätsbereich bringen beeindruckende Ergebnisse. Dazu benötigt die Scheurebe gute Lagen, um ihre durchaus vorhandene Klasse voll zu entfalten.

Ihre Farbe ist, je nach Ausbau, blass- bis goldgelb. Der Duft ist unglaublich würzig und intensiv. Aroma, Duft und Geschmack erinnern an schwarze Johannisbeeren, Stachelbeere, Aprikose sowie an Pfirsich, Rosen, Holunderblüten und Heu. Die Säure ist fruchtig, aber nicht dominant, der Körper mittel bis kräftig, je nach Lesegut. Eine gute Scheurebe ist durchaus eine Alternative zum Sauvignon Blanc.

Welche Schokolade zur Scheurebe?

Am besten passt eine dunkle Schokolade mit nicht zu hohem Säureanteil, etwa ein Blend aus Venezuelabohnen mit Kakaonibs (kleine Stücke der gerösteten Bohne). Sie verstärken die schon sehr duftigen Aromen des Weins und führen zu einer eindrucksvollen Genussunion.

Muskateller

Auch der Muskateller gehört zu den sehr alten Kulturreben. Seine Familie ist groß und weit verbreitet. Wahrscheinlich kommt er aus Kleinasien. Schon Phönizier und Griechen handelten mit diesem Wein und verbreiteten die Rebe in Südeuropa. Rund 200 diverse Muskatellersorten haben Experten entdeckt. Die Traube stellt höchste Ansprüche an Klima und Boden. Ihre Farbe ist hell- bis goldgelb oder leicht rötlich (roter Muskateller). Der Wein duftet geradezu betörend blumig nach Rosenblüten, Pfingstrose und Muskat. Genauso ist auch sein Geschmack, der aber selbst bei lieblichem Ausbau recht leicht, duftig und aromatisch bleibt. Muskateller schmeckt, nicht nur trocken ausgebaut, sondern auch in seiner süßen Variante, unglaublich interessant zu Schokolade, denn dann kommen Aromen von Litschi, Honig, Mandeln und natürlich kandierten Orangen zum Vorschein.

Welche Schokolade zum Muskateller?

Er ist, wie schon angedeutet, ein perfekter Begleiter zur Schokolade, was man übrigens von fast allen Bukettweinen wie Scheurebe, Traminer oder Bacchus sagen kann.

Zum Muskateller eignet sich Schokolade ab einem Kakaogehalt von 50 Prozent. Milchschokoladen sind weniger empfehlenswert, da sie mit ihrer Milchnote die feinen Fruchtaromen des Muskatellers beeinträchtigen. Der Kakaogehalt sollte andererseits nicht über 70 Prozent liegen, da sonst ebenfalls Aromen ausgelöscht werden. Feine Edelkakaos sind hier gefragt, da wir eine feinaromatische Kakaonote benötigen, also Lagenschokoladen aus Mittel- und Südamerika, wie Bolivien, Peru, Mexiko oder der Dominikanischen Republik. Bittere und gerbstoffbetonte Schokoladen sollte man nicht verwenden, weil sie die Aromen des Weins untergehen lassen. Dagegen sind Schokoladen mit Marzipan als Muskateller-Partner geradezu prädestiniert, ebenso fruchtige und dunkle Schokoladen mit Fruchtanteilen von halbkandierten Orangenschalen oder Orangengeschmack.

Traminer

Auch der Traminer gehört zu den Urahnen in unserer vinologischen »Hall of Fame«. Seine genaue Abstammung kann man nur vermuten, angeblich soll er von Ägypten aus über Griechenland gekommen sein. Eine aromenreichere Mutation des Traminers mit dunkleren Beeren ist der Gewürztraminer, in Deutschland auch als Roter Traminer, ebenso wie Rotclevner, bezeichnet. Schon 1546 wird der Traminer in Deutschland erwähnt. Auch er stellt hohe Ansprüche an Boden und Klima. Sein Geschmack und Bukett sind dem Muskateller ähnlich, auch wenn der Traminer noch kräftiger und intensiver werden kann. Seine Farbe reicht von Gelb bis Strohgelb, je nach Dichte und Alter. Er hat ein sehr reiches Extraktbild, das fast ölig werden kann. Im Duft finden wir Rosen und Orangen, aber auch Gewürze wie Anis und Kardamom sowie Blüten von Akazien und Veilchen. Der Geschmack hat bei einem guten Traminer eine unglaubliche Vielfalt der beschriebenen Aromen. Nicht nur die Bitterorangen- und Muskatnoten sowie die Rosenaromen sind deutlich zu finden, sondern auch eine feine Marzipannote, Quitte und Maracuja. Dichte und edelsüße Auslesen eignen sich trotz geringer Säure für eine lange Lagerung.

Kaiserstuhl im Herbst.

Welche Schokolade zum Traminer?

Hier haben wir eine fantastische Spielwiese von Aromen, Geschmack und Eindrücken mit Schokolade. Deshalb darf man das ganze Register der Schokoladenvielfalt ziehen. Leichtere und trockenere Traminer kann man mit dunklen Schokoladen ab 50 bis maximal 70 Prozent Kakaoanteil zusammenbringen. Mit Fruchtaromen wie Orange und Birnen in der Schokolade kann man sehr gut spielen. Die kräftigen und edelsüßen Traminer kann man vorzüglich mit weißer Schokolade zusammenführen. Gereifte Traminer als Beerenauslese, Trockenbeerenauslese oder Eiswein lassen sich köstlich mit weißer Schokolade, die etwas Curry oder Safran enthält, vereinen. Auch Schokoladen bis 90 Prozent habe ich mit großem Vergnügen dazu probiert. Einen größeren Kontrast können Sie wohl kaum erreichen – und trotzdem erleben Sie puren Genuss. Kombinieren Sie auch einmal Auslesen oder Spätlesen mit einer kräftigen Milchschokolade von 35 bis 43 Prozent Kakaoanteil. Leichte Salzaromen oder auch Nuss und Krokant machen gleichermaßen viel Spaß.

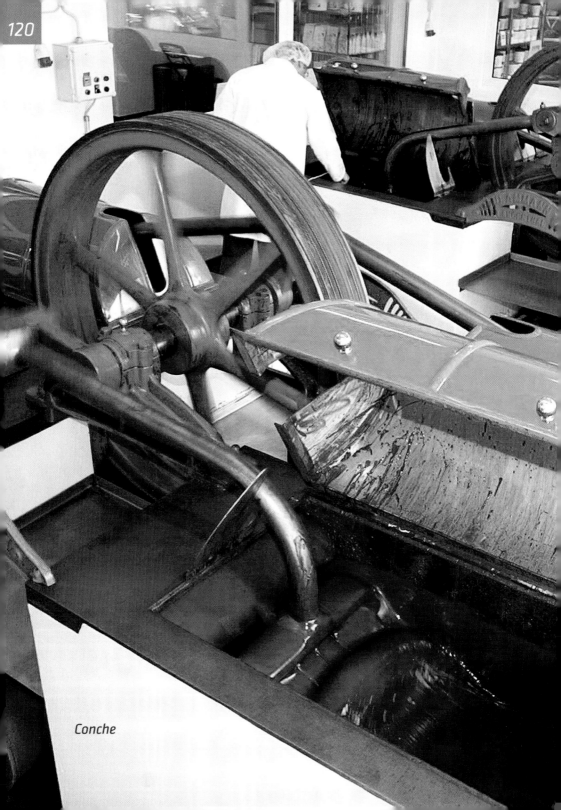

Conche

Andere Weißweine

Leider können wir hier nicht für alle Weißweine, ob sortenrein oder als Cuvée, eine Empfehlung abgeben, das würde den Rahmen des Buches sprengen. Das gilt übrigens auch später für die Rotweine. Es gibt einfach zu viele. Die wichtigsten Sorten sind jedoch alle erwähnt.

Einige Grundsätze in Kurzfassung

Schenken Sie nur Weine von guter Qualität mit Extrakt, Körper und gewisser Reife ein. Grundsätzlich gilt: »Probieren geht über Studieren.«

Kräftige Weißweine, die teils im Holz ausgebaut werden sowie eine cremige Beschaffenheit und dezente Säure aufweisen, lassen sich wunderbar mit Milchschokoladen von 32 bis 49 Prozent zusammenbringen, da sie durch die malolaktische Gärung ein ähnliches Geschmacksprofil aufweisen. Die im Holz gereiften Weine erzielen zudem einen Gleichklang an Karamell-, Butter und Vanillearomen, die denen der Milchschokolade entsprechen. Teilweise sind Gewürze mit leichter Schärfe wie Pfeffer von Vorteil, auch Nüsse sind sehr interessant. Dunkle Schokoladen sollten kräftig, aber nicht bitter schmecken. Eine leichte Säurenote darf der Kakao mitbringen. Es ist aber ratsam, den Kakaogehalt nicht über 75 Prozent zu wählen.

Bei fruchtigen Weißweinen dürfen die Schokoladen durchaus im edelherben Bereich liegen. Sie können Frucht-, aber keine zu hohen Kakaosäuren aufweisen, da sich diese mit den Weinsäuren »beißen« würden. Zu hoch sollte der Kakaoanteil nicht gewählt werden, 55 bis 75 Prozent sind am besten. Milchschokoladen passen teilweise auch sehr schön dazu, vor allem wenn sie Salz oder Fruchtanteile enthalten.

Weiße Bukettsorten wie Traminer, Muskateller, Bacchus, Ortega oder Scheurebe erbringen geschmackliche Höchstleistungen im Zusammenspiel von Wein und Schokolade. Dafür ist die ganze Vielfalt an Schokoladensorten erlaubt. Zu lieblichen bis edelsüßen Weinen passen durchaus auch weiße Schokoladen, pur oder mit Gewürzen, oder auch ganz edelherbe Sorten mit hohem Kakaoanteil oder gerösteten Kakaokernen. Dunkle Schokoladen mit getrockneten Früchten wie Birne und Orange sind geradezu betörend. Fruchtige Schokoladen mit dezenter bis kräftiger Säure sind zu bukettreichen Weinen ebenfalls ein großer Genuss.

Rotweine

Rotwein zur Schokolade – für die meisten Fein- und Weinschmecker ist diese Verbindung schon ein Klassiker. Doch ähnlich wie bei der Verbindung von Rotwein und Käse muss man klar differenzieren. Bei Rotwein – mit seiner Aromenbandbreite von leicht fruchtig bis kräftig-herb und gerbstoffbetont – und Schokolade gibt es sehr vielschichtige Paarungen und Geschmackserlebnisse. Daher geht das folgende Kapitel auf die wichtigsten Sorten einzeln ein.

Schwarzriesling/Samtrot

Mit dem Schwarzriesling, auch Pinot Meunier genannt, eröffnen wir den Reigen der wichtigsten Weinfamilien, der Burgunder. Fachleute vermuten, dass er der Vater aller Burgunder sein könnte, da er von allen Burgundersorten die größte Mutationsfreudigkeit aufweist. Andere Experten gehen davon aus, dass er eine späte Mutation des Spätburgunders ist. »Meunier« heißt »Müller«, der Name ist eine Anspielung auf die Blätter, deren Unterseite stark weiß behaart ist, was so aussieht, als hätte sie ein Müller mit Mehl bestäubt.

Der Schwarzriesling stellt weniger hohe Ansprüche an Boden und Klima als der Spätburgunder. Seine Farbe ist ziegel- bis rubinrot, sein Aroma fruchtig und nicht sehr von Säuren geprägt. Süßkirschen, Brombeeren, Erdbeeren, getrocknete Pflaumen und Drops machen sich bemerkbar. Er eignet sich durch seine Frucht und den nicht zu schweren Charakter bestens für die Kombination mit Schokolade.

Der Samtrot entstammt einer Mutation des Schwarzrieslings und wurde in den 20er-Jahren des letzten Jahrhunderts in einem Weinberg bei Heilbronn entdeckt und dann konsequent vermehrt. Er ist in Qualität und Frucht dem Schwarzriesling überlegen und wird offiziell auch als Klon des Spätburgunders anerkannt. Deshalb darf er auch unter dieser Bezeichnung vermarktet werden. Doch seine Frucht und Säure unterscheiden sich vom Spätburgunder. Wie sein Name schon ausdrückt, fühlt er sich auf der Zunge und in der Nase an wie Samt und Seide. Er ist ein feiner filigraner Wein, der zart und fruchtig Zunge und Gaumen streichelt.

Verschiedene Pfefferorten und Zimtblüten

Welche Schokolade zum Schwarzriesling und Samtrot?

Eine fruchtige Schokolade eignet sich optimal, am besten im Bereich zwischen 55 und 70 Prozent Kakaogehalt. Ideal ist Schokolade auf Kakaobasis von Santo Domingo in der Dominikanischen Republik. Sie besitzt eine fantastische Fruchtigkeit, die an rote Früchte erinnert, ohne säuerlich dominant zu wirken. Diese Schokolade kann man ohne Übertreibung als eine Art Geheimtipp für viele Weiß- und Rotweintypen bezeichnen. Die Frucht des Schwarzrieslings wird durch ihren Einfluss verstärkt. Die Vielschichtigkeit des Weins tritt nach vorne und er wird dadurch kräftiger. Auch Leichtgewichte bekommen eine kräftigere Struktur und mehr Tannine. Dasselbe Aromenspiel gilt für den Samtrot mit Schokolade, auch er verstärkt sich in Struktur und Intensität. Manche Kritiker, die beide Rotweine für zu dezent halten, meinen, erst zusammen mit dieser Schokolade seien sie trinkbar.

Spätburgunder

Wie der Riesling als König der Weißweine gilt, so gilt der Spätburgunder als König der Rotweine. Diese Sorte, auch Pinot Noir (französisch für »schwarzer Zapfen«) genannt, gehört zu den nobelsten überhaupt. Wahrscheinlich wurde er schon von den Römern in Burgund angebaut, daher trägt er auch seinen Namen. In Deutschland ist er seit dem 7. Jahrhundert heimisch. Für eine optimale Reife stellt er hohe Ansprüche an Klima und Boden. Weil er zu heißes Klima nicht verträgt, braucht er kühlere Zonen.

Schwarzriesling

Spätburgunder/
Pinot Noir

Grenach

Lemberger

Dornfelder

Zweigelt

Cabernet

Malbec

Hauptanbaugebiet ist Frankreich und dort, wenig erstaunlich, Burgund. In Deutschland wird er hauptsächlich in Baden, der Pfalz, an der Ahr und in Rheinhessen sowie Württemberg kultiviert. Die Ergebnisse der deutschen Winzer fallen mittlerweile so gut aus, dass sie sich hinter ihren französischen Kollegen nicht mehr verstecken müssen. Weitere Anbauländer sind Österreich, die Schweiz, Italien und die Neue Welt. Die Farbe des Spätburgunders ist ein mittleres bis dichtes Rot, im reifen Zustand auch Ziegelrot und Rostbraun. Der Geruch geht von roten Früchten wie Erdbeeren, Kirschen und Himbeeren zu blauen Früchten. Feine Nasen stoßen sogar auf Waldboden, Pilze, schwarzen Pfeffer und feine Gewürznoten wie Nelke und Muskat. Die hohe Qualität eignet sich für den Ausbau im Barrique. Spätburgunder ist einer der Rohstoffe für die Sekt- und Champagnerherstellung. Seine Gerbstoffe sind weich, die Säure ist kräftig und sehr markant, was dann auch zum größten Problem bei der Kombination mit Schokolade führt.

Welche Schokolade zum Spätburgunder?

Der Spätburgunder lässt sich eigentlich nicht mit Schokolade verbinden. Selbst eine feine und mit wenig Säure belastete Lagenschokolade aus Santo Domingo, die sich mit einem Schwarzriesling oder Samtrot zum Traumpaar vereinigt, gerät beim Spätburgunder zu einer sauren, kantigen und harten Masse. Nicht selten entgleiten bei dieser Verkostung die Gesichtszüge. Die deutliche Säure des Weins und die Schokoladensäure verbeißen sich ineinander wie zwei Rüden und schließen keinen Frieden.

Und doch ist es möglich, einen Hochgenuss mit Schokolade zu erleben. Davon war auch der Verband der Prädikatsweingüter überzeugt, für den wir eine Schokolade austüfteln sollten, die just zu diesem eigenwilligen Spätburgunder passt. Nur mit einer Brücke lässt sich der Abgrund überwinden. Diese Hilfskonstruktion besteht aus Gewürzen. Wir nehmen deshalb eine spezielle Mischung aus Zimtblüte und diversen Pfeffersorten. Und plötzlich geschieht das Wunder: Die Säure scheint wie weggezaubert, die Schokolade unterstreicht die feinen Fruchtaromen, insbesondere die von Kirschen, und die feinen Gewürznoten des Weines. Das Mundgefühl wird weich, die Tannine schmelzen anscheinend dahin und wandeln sich zu nicht für möglich gehaltener Aromaharmonie. Dieser Schokolade haben wir den Namen *Vitis Noir* gegeben, denn es ist die Schokolade zum Spätburgunder. Ihr Kakaoanteil beträgt 70 Prozent. Sie eignet sich für alle Arten des Pinot Noir.

Pinot Noir

Lemberger

Der Lemberger ist Württembergs Rotwein par excellence. In Österreich wird der vielversprechende und oft unterschätzte Schatz Blaufränkisch genannt, die Ungarn sagen Kékfrancos dazu. Wann und wo der Lemberger wirklich seinen Ursprung hat, ist nicht genau zu klären. Sicher ist immerhin, dass er in Österreich im 18. Jahrhundert das erste Mal urkundlich erwähnt wurde und dort auch heute noch einer der wichtigsten Rotweine ist. In Württemberg ist es die bedeutendste Rotweinsorte mit einer langen Tradition. Die Grafen von Neipperg in Schwaigern bei Heilbronn sind stolz darauf, dass ihre Vorfahren mit diesen Reben Württemberg bereichert haben. Der Lemberger stellt sehr hohe Ansprüche an das Klima. Beim Boden gibt er sich etwas genügsamer, Keuper und Lehmlöss garantieren bei stimmigem Klima mit die besten Qualitäten. Lembergertrauben können Spitzenweine hervorbringen, die jedem internationalen Vergleich standhalten. Er wird in allen Varianten ausgebaut, von leicht bis sehr kräftig, was auch seinem Charakter am besten entspricht, bis hin zu leichten Roséweinen für den Sommer. Immer häufiger wird der kräftige Rote auch weiß gekeltert. Als Verschnittwein für eine Cuvée ist er bestens geeignet. In Württemberg ist Trollinger mit Lemberger schon seit Generationen ein Nationalgetränk. Auch als Sekt macht er eine gute Figur. Seine Farbe ist tiefrot mit bläulichen Reflexen. Die Frucht ist ausgeprägt und reicht von Brombeeren und Heidelbeeren über Süß- bis Sauerkirschen, von Pflaume bis zu Fruchtdrops. Auch Banane und Kakao sowie vegetative Noten von grüner Paprika, Holunder und Wacholder schleichen sich in Nase und Gaumen. Ein herausragender Lemberger fühlt sich im Barrique sehr wohl.

Abendstimmung im württembergische Weinberg

Welche Schokolade zum Lemberger?

Diese Entscheidung ist schnell getroffen, wenn wir dichte und komplexe Weine wählen. Alle guten Schokoladen mit einem Kakaoanteil von 60 bis 75 Prozent ohne allzu markante Säuren sind geeignet. Perfekt passt Lagenschokolade aus Kubakakao. Zu Lemberger mit einer leichten bis kräftigen Holznote empfehle ich dunkle Schokoladen aus Venezuelakakao mit einer leichten Schärfe wie z. B. Espelettepfeffer. Das ist eine Chilisorte mit viel Paprikaaroma, das ja schon ganz natürlich im Wein enthalten ist, ergänzt um eine zarte Schärfe. Das Wechselspiel von Würzigkeit und dezenter Schärfe sensibilisiert die Geschmacksknospen auf der Zunge und führt zu ungeahnten geschmacklichen Höhepunkten. Die Früchte, die der Wein in sich birgt, kommen wesentlich deutlicher zum Vorschein, hauptsächlich die Kirscharomen treten hervor. Bei jüngeren, im Holz ausgebauten Lembergern wird eine reifere Struktur erzielt. Die Tannine werden runder und die Gerbstoffe weicher. Der Wein erhält ein spürbar stärker gereiftes Erscheinungsbild. Auch Schokoladen mit einer Gewürznote von Ingwer oder Kardamom sind unglaublich spannend. Milchschokoladen sind nicht geeignet, weil sie die Frucht mit ihrer Milchnote überlagern.

Weinberg bei Gundelsheim

Dornfelder

Der Dornfelder ist in Deutschland nach dem Spätburgunder der zweithäufigste Rotwein. Er hat eine geradezu märchenhafte Karriere hinter sich. Wurden 1972 gerade einmal 100 Hektar damit bepflanzt, waren es 2007 über 8 100 Hektar. Die Rebe setzte im Rahmen des Rotweinbooms der letzten Jahre besonders in der Pfalz und Rheinhessen zu einem wahren Siegeszug an. Dornfelder ist eine Schöpfung des berühmten Weinsberger Rebenzüchters *August Herold*, der *Helfensteiner* und *Heroldrebe*, gleichfalls Weinsberger Kreationen, gekreuzt hat. Mit dem Namen wurde dem Initiator der Weinbauschule, *Immanuel Dornfeld*, auf passende Weise Reverenz erwiesen. Die Rebe ist anspruchslos, nicht anfällig für Krankheiten und liefert meist hohe Erträge. Eigentlich war der Dornfelder als Deckwein gedacht. Die Farbe ist tatsächlich tief- bis dunkelrot. Dieses satte Rot ist möglicherweise ein Grund für den Erfolg. Er ist der deutsche Wein, der mit Tanninen, Gerbstoffen, dezenter Säure und kräftiger Struktur wichtige Gemeinsamkeiten mit internationalen Wettbewerbern vorzeigen kann. Diese Vorzüge kommen allerdings nur bei sehr ertragsreduziertem Anbau zur Geltung. Sein Aroma erinnert an Sauerkirschen, Brombeeren, Cassis, Holunder und Vanille; all dies umso deutlicher, wenn er im kleinen Eichenholzfass ausgebaut wird. Der Dornfelder ist ein angenehmer Begleiter zu Schokolade.

Welche Schokolade zum Dornfelder?

Hier kann man zu den gleichen Schokoladen wie beim Lemberger greifen. Auch Schokoladen mit Fruchtanteilen wie Erdbeeren, Kirschen oder schwarzen Johannisbeeren sind sehr lecker. Eine kräftige Kakaonote verhilft dem Wein zu einem gestählteren Körper und zu mehr Struktur. Oft kann man feststellen, dass Schokolade nicht nur ein angenehmer Partner des Weins ist, sondern dass sie ihm überhaupt erst Charakter verleiht. Milchschokoladen dürfen hier gleichfalls probiert werden, am besten mit einem Kakaogehalt ab 40 Prozent. Sehr passend ist eine Milchschokolade mit einem Kakaoanteil von 43 Prozent aus Kakaobohnen der Flussregion des Rio Huimbi in Ecuador. Diese Milchschokolade unterstreicht die Röst- und Vanillearomen sehr pointiert, wenn die Weine im Holz ausgebaut worden sind. Speziell Rotweine mit einer dezenten Säure passen mit Milchschokoladen gut zusammen, womit wieder einmal bewiesen ist, dass die Schokoladenfarbe nichts mit der Weinfarbe zu tun hat, wenn es um die Zusammenführung der Sorten geht.

Uralte Weinkulturlandschaft im Neckartal.

Saint Laurent

Diese Sorte kam Ende des 19. Jahrhunderts nach Deutschland. Vermutlich sind ihre Vorfahren in der Ahnengalerie der Burgunder zu finden. Vom Spätburgunder ist der Saint Laurent äußerlich kaum zu unterscheiden. Die Bezeichnung dürfte dem *Heiligen Laurentius* gewidmet sein, der seinen Namenstag am 10. August hat, wenn die Traubenreife beginnt. Der Wein hat eine blaurote, leicht violett schimmernde Farbe. Geruch und Geschmack erinnern stark an Kirsch- und Sauerkirscharomen. Er ist nicht besonders gerbstoffbetont, doch eignet auch er sich bei sehr guter Qualität zum Ausbau im Barrique, da er eine kräftige, vollfruchtige und vollmundige Substanz aufweist. Nur in ungeeigneten Lagen gewinnt eine kräftige Säure die Oberhand, ansonsten ist sie dezent und gut eingebunden.

Welche Schokolade zum Saint Laurent?

Edelherbe Schokoladen mit feiner und dezenter Kakaosäure passen zu diesem Heiligen am besten. Ein Kakaogehalt unter 70 Prozent ist empfehlenswert. Auch Einlagen von gerösteten Kakaobohnen in der Schokolade machen sich gut. Den Fruchtaromen des Weins wird das Rückgrat nachhaltig gestärkt und man kann die Kirschen im Mund regelrecht schmecken.

Zweigelt

Er ist, wie der Dornfelder, eine ausgesprochen erfolgreiche Weinsorte. 1922 von *Friedrich* Zweigelt, dem Leiter der Staatlichen Weinbaudomäne Klosterneuburg in Österreich, aus Lemberger und Saint Laurent gezüchtet, liegt er inzwischen in der Alpenrepublik an erster Stelle der Rotweine. Seine Farbe ist kräftigrot, die Frucht fein, der Körper kräftig, die Säure dezent, die Gerbstoffe weich. Der Zweigelt besticht durch eine feine Fruchtpalette von Kirschen, Flieder und Nelken.

Welche Schokolade zum Zweigelt?

Zu ihm passen üblicherweise jene Schokoladen, die für den Lemberger und Saint Laurent angegeben sind.

Die Familie der Cabernets

Die Cabernets haben, ähnlich wie die Burgunder, unsere Weinwelt am meisten geprägt. Ihr gehören verschiedene Mitglieder an: Cabernet Sauvignon, Cabernet Franc, Cabernet Blanc sowie neuere Züchtungen insbesondere in Deutschland durch die Staatliche Lehr- und Versuchsanstalt für Wein- und Obstbau in Weinsberg mit den Sorten Cabernet Mitos, Cabernet Cubin, Cabernet Dorsa und Cabernet Dorio, welche mit Lemberger, Dornfelder und Levadoux gekreuzt wurden. Dieses vielversprechende Cabernet-Quartett hat mit dem Cabernet Sauvignon einen Verwandten, einen »Global Player«, der auf allen fünf Kontinenten zu Hause ist. Er wächst wie Chardonnay auf fast jedem Boden. Seine Berühmtheit aber erlangte er in Bordeaux, wo er mit Preisen von mehreren Tausend Euro (pro Flasche) zu den teuersten Weinen der Welt zählt. Sein Ursprung ist rätselhaft. Gesichert ist nur, dass der Cabernet Sauvignon erst ab dem 18. Jahrhundert immer häufiger in Urkunden erwähnt worden ist.

Reinrassig kommt der Cabernet Sauvignon in seinem »Geburtsland« nicht in die Flasche, die muss er sich mit seinem Verwandten, dem weniger gerbstoffbetonten und tanninschwächeren Cabernet Franc, und oft auch mit Merlot teilen. So sind fast alle Weine aus dem Bordelais Cuvées. International dagegen führt der Cabernet Sauvignon sehr wohl ein eigenständiges Dasein. Er hat eine markante rubinrote

Farbe, Geschmack und Geruch nach schwarzen Johannisbeeren sind ganz typisch für ihn. Die Palette der Aromen ist aber noch wesentlich größer, denn auch Heidelbeeren gesellen sich dazu sowie grüne Paprika, Tabak, Leder, Waldboden, Speck, Kaffee, dazu Gewürze von Ingwer, Pfeffer, Nelken, Muskat und Vanille bis zu kräftigen Schokoladen und Kakaonoten. Die letztgenannten prädestinieren ihn für die Verbindung mit Schokolade.

Der Cabernet Sauvignon ist vorzüglich für den Ausbau im Barrique geeignet und benötigt oft eine sehr lange, mehrjährige Reifezeit, um sein volles Bukett zu entwickeln.

Welche Schokolade zu Cabernets?

Schokolade mit Cabernets sind ein Muss. Viele spannende Kombinationen lassen sich dank der Vielfalt an Aromen und Früchten zusammenbringen. Dafür sind ausschließlich edelherbe Schokoladen zu empfehlen, die einen fruchtigen, aber nicht zu säuerlichen Charakter haben. Deshalb können alle amerikanischen Kakaos eingesetzt werden – wie immer aus Edelkakao. Der Kakaoanteil darf zwischen 55 und 80 Prozent liegen, darüber hinaus wird es sehr schwierig. Auch Lagenschokoladen aus *Criollos* von São Tomé sind stimmig, weil sie zwar Frucht, aber wenig Säure haben. Perfekt passen Schokoladen, die auch die Charakteristik des Weins in Form von getrockneten dunklen Beeren und Gewürzkomponenten vorweisen können. Ich habe eine Schokoladencuvée *Fruit Noir* aus Lagenschokoladen von São Tomé und Venezuela entwickelt, die Beeren wie Holunder und Cassis sowie Vanille, Ingwer, Koriander und diverse Pfeffer enthalten. Diese Schokolade ist ein wunderbarer Begleiter zu Cabernets. Die Schokoladen nehmen in vielen Fällen auch die kräftigen Gerbstoffe zurück, man empfindet den Wein als weicher und nicht so trocken. Der Reichtum seine Aromen wird in allen Facetten gestärkt.

Lemberger

Merlot

Die Rebsorte spielt in den meisten großen Bordeauxweinen eine wichtige Rolle. Die teuersten Kreszenzen aus dem Bordelais bestehen sogar fast zu 100 Prozent aus Merlot, denken wir nur an einen Château Petrus. Die Sorte tauchte im 14. Jahrhundert erstmals in einer Urkunde auf und wird längst weltweit angebaut. Die Farbe ist tiefrot. Geschmack und Geruch erinnern an Kirschen, Brombeeren, rote und dunkle Johannisbeeren, Backpflaumen, Feigen, Vanille und Zedernholz. Oft verheimlicht der Merlot auch seine animalische Note nicht. Seine Gerbstoffe und Tannine sind weich und harmonisch. Er ist füllig, stoffig, intensiv. Außerdem verbindet er sich gut mit dem Holz der Barriques und bringt so feine Röst- und Vanillearomen mit. Die Säure fällt dezent aus.

Welche Schokolade zum Merlot?

Auch er ist ein optimaler Begleiter von Schokolade und gibt sich wegen der weicheren Tannine und zarteren Säuren sogar unkomplizierter als der Cabernet. Man sollte darauf achten, dass die Schokoladen ebenfalls nicht zu kräftig in der Säure sind, doch darf die Kakaonote deutlich sein. Lagenschokoladen aus São Tomé oder auch aus Ghana – wenn sie von guter Qualität sind – intensivieren die Weinaromen und bringen eine feine Fruchtigkeit zum Durchbruch. Ist der Merlot sehr kräftig und mit einer deutlichen Süße ausgestattet, kann man sogar einen Kakaoanteil bis zu 90 Prozent ausprobieren. Bei Barrique-Merlots ist es sehr reizvoll, wenn die Schokoladen eine feine Gewürznote von Ingwer oder Kardamom haben. Auch Schokolade mit einer feinen Vanillenote macht sich gut im Spiel der Aromen.

Syrah/Shiraz

Diese edle Französin hat den Erdball erobert. In Übersee erfreut sie sich großer Beliebtheit. Zwar wird noch gestritten, ob die Sorte aus Persien kommt, könnte ihr Namen doch auf die Stadt Shiraz zurückgehen, aber neuere Genforschungen haben festgestellt, dass die Rebe eine Kreuzung alter französischer Sorten ist und daher ein Kind der »Grande Nation« sein muss, dessen Wiege nördlich der Rhône gestanden haben dürfte. Die Farbe ist tiefrot. Die Hauptaromen des französischen Syrahweins sind Blaubeeren, Brombeeren, Himbeeren, Kräuter, Veilchen und Minze sowie leichte Gewürznoten. Bei längerer Reifung gesellen sich Lakritz und Schokoladennoten dazu, auch Pfeffer, Leder und Zedernholz melden sich. Dem moderneren Shiraz scheint ein größeres »Kraftpaket« mit Gewürzen wie Zimt und Muskat anerzogen worden zu sein, ähnlich wie bei Primitivo und Zinfandel.

Welche Schokolade zum Syrah/Shiraz?

Dieser feine Wein lässt sich sehr gut mit Schokolade kombinieren. Am besten passt eine fruchtige, edelherbe Schokolade mit Kakaoanteilen von 60 bis 70 Prozent dazu. Schokoladen aus mittelamerikanischen Kakaosorten, aus Venezuela, Peru und der Dominikanischen Republik, eignen sich besonders gut, wenn der Edelkakaoanteil von *Criollos* sehr hoch ist. Eine leichte Aromatisierung mit Zimtblüte und Frucht-anteile wie getrocknete Ananas verhelfen dieser Paarung zu Höhenflügen. In vielen Fällen wird der Wein dann noch vielschichtiger, gewinnt an Intensität und Ausdruck. Fruchtaromen von roten Beeren werden verstärkt, wenn etwas Schärfe von Chili oder Pfeffer zum Einsatz kommt. Eine Kräuternote von Koriander in der Schokolade passt ebenfalls gut ins Konzept. Die Schokoladennote, die reife Weine schon von Natur aus besitzen, rundet das Aromenspiel ganz automatisch ab. Bei diesem Spiel muss auch eine Milchschokolade nicht abseits stehen, sofern sie mindestens 36 Prozent Kakaogehalt mitbringt. Interessant wird es mit einer kleinen Dosis Salz in der Scho-kolade oder mit kandierten Veilchen, auch pikante Paradieskörner (westafrikanischer Pfeffer) können eine Brücke zum Wein schlagen.

Primitivo/Zinfandel

Zwei Namen für eine Sorte, die mit ziemlicher Sicherheit aus Kroatien stammt. Das Hauptanbaugebiet in Europa ist Apulien, wo die Rebe seit rund 200 Jahren zu Hause ist. In die USA kam sie schon 1825, hört dort auf den Namen Zinfandel und ist noch immer eine der meist angebauten Reben. Primitivo bedeutet keineswegs primitiv, Lateiner übersetzen den Begriff mit »früh reifend«.

In der Neuen Welt und Europa sind trotz der unterschiedlichen Charakteristik dieses Weins der hohe Alkoholgehalt von 13 bis 15 Prozent und die dichte, kräftige Struktur mit einer dominanten natürlichen Süße gemeinsame Merkmale. Als Begleiter zu Schokolade bringt der Primitivo/Zinfandel ideale Voraussetzungen mit, da er wenig Gerbstoffe und nur eine geringe Säure besitzt. Seine Farbe ist tiefrot, fast schwarz. Er erinnert an dunkle Beeren, Schokolade und kräftige Gewürznoten. Kalifornische Zinfandel zeichnen sich durch starke Zimt- und Nelkenaromen aus, die manchmal schon fast an Glühwein denken lässt. Erfolgte der Ausbau im Barrique, kommt eine kräftige Vanillenote hinzu.

Welche Schokolade zu Primitivo/Zinfandel?

Der Reigen perfekter Kombinationen findet seine Fortsetzung. Dieses Mal können wir sogar Milchschokolade dazunehmen, wenn sie einen kräftigen Karamellgeschmack und feine Vanille-Kakao-Aromen hat. Auch mit einem nussigem Anteil gestaltet sich der Versuch spannend. Die Palette der dunklen Schokoladen ist groß. Es können Lagenschokoladen aus allen Anbauländern zum Einsatz kommen, sofern sie feine Gerbstoffe haben und nicht bitter sind. Die kräftige Kakaonote ist dagegen durchaus erwünscht. Perfekt ist *Arriba*kakao mit seiner typischen Würze und Kraft. Hat man eine richtige »Granate« aus dem Weinkeller geholt, kann man Schokolade mit bis zu 90 Prozent Kakaogehalt dazu genießen. Der Wein wird durch die Schokolade als wesentlich leichter und nicht mehr so alkoholisch empfunden, er scheint geradezu finessenreicher geworden zu sein. Fruchtaromen treten in den Vordergrund. Schokoladen mit getrockneten Früchten kommen ihm sehr entgegen, einzige Ausnahme: Zitrus. Getrocknete Birne, Feige und Kirsche in der Schokolade sind eine köstliche Begleitung. Gewürze wie Nelken, Zimt oder Muskat und auch Schärfe in der Schokolade sind sehr willkommen, garantieren sie doch eine Verstärkung.

Ingwer

Chili

Kardamom, Gewürznelke & Koriander

Garnacha/Grenache

Diese Spanierin ist gar nicht so bekannt, trotzdem gehört sie zu den weltweit am meisten angebauten Sorten. In ihrer iberischen Heimat heißt sie Garnacha, in Frankreich wird sie Grenache gerufen. Die Sorte wird schon seit Jahrhunderten angebaut, Winzer mögen die zuckerreichen Trauben, weil sie widerstandsfähig und ertragsstark sind. Sie liefern einen fruchtigen und in der Masse leichten, tanninarmen Rotwein, meist mit hohem Alkoholanteil. Selektiert und konzentriert ist der Wein zu großen Taten fähig. Das Farbspiel changiert von Hell- über Ziegel- bis Granatrot mit violetten Reflexen. Himbeeren, Brombeeren, Heidelbeeren, Kirschen, Pflaumen und Süßholz prägen seine Aromen, aber auch Kräuter wie Fenchel, Anis und Wacholder und blumige Noten wie Veilchen gesellen sich dazu. Reinsortig gibt es ihn selten, obwohl er richtig ausgebaut auch lagerfähig ist. Garnacha/Grenache wird oft mit anderen Rebsorten wie Tempranillo oder Syrah verschnitten.

Welche Schokolade zum Garnacha/Grenache?

Nur dunkle Schokoladen mit dezenter Kakaosäure lassen sich mit diesem Wein zu einem glücklichen Gespann verbinden. Lagenschokolade mit hohem *Criolloanteil* aus der Dominikanischen Republik sind die angenehmsten Begleiter, die Frucht und Säurespiel aufkommen lassen. Bolivianische Lagenschokolade aus Wildpflückung kitzeln Finesse aus dem Wein heraus und lassen ihn filigran wirken.

Tempranillo

Wieder ein Spanier, dessen Herkunft nicht geklärt ist: Wissenschaftler vermuten, dass der Tempranillo vom Spätburgunder abstammt. Sicher ist, dass er schon im Mittelalter in der Heimat des *Don Quijote* angebaut wurde. Er ist die wichtigste Rotweinsorte Spaniens. Sein Alkoholgehalt liegt in der Regel zwischen 11 und 13,5 Prozent. Er ergibt exzellente Weine mit einem kräftigen Körper und großem Reifepotenzial. Die Tannine sind weich und mit natürlicher Süße bestückt. Seine Farbe ist tiefrot bis dunkel. Der Tempranillo ist von sanfter bis kraftstrotzender Natur. In seiner feinen Fruchtnote dominieren Kirschen und Pflaumen, die allerdings auch florale Aromen wie Lilien, Rosen, Veilchen und Vanille neben sich dulden. Bisweilen protzt der stolze Spanier mit animalischen Noten wie Schokolade, Holz, Harz, Petroleum, Leder, Fell und Speck. Er ist ein hervorragender Kandidat für das Barrique.

Welche Schokolade zum Tempranillo?

Tempranillo und Schokolade sind eine wunderbar ausgewogene Einheit, weil der Wein nicht zu viel Säure, aber kräftige Tannine besitzt. Lagenschokoladen aus Afrika, etwa Uganda, Ghana und Tansania, sowie aus Mittel- und Südamerika, insbesondere *Arriba* aus Ecuador, passen gut dazu. Wichtig sind eine mittlere Säure und schöne, kräftige, fruchtige Kakaoaromen. Getrocknete rote und dunkle Beerenfrüchte sind sehr spannend, denn sie fördern die Fruchtkomponenten des Weins. Dabei werden die teilweise animalische Geschmacksstruktur des Tempranillo gemildert, die Frucht herausgearbeitet und seine Schokoladenaromen intensiviert

Nebbiolo

Ein Fürst unter den Rotweinen, der sich durch eine lange Reifezeit und hohe Ansprüche auszeichnet. Er bevorzugt kalkhaltige Mergelböden. Seine Heimat ist das Piemont, wo er seit der Antike bekannt sein soll, wenngleich die erste Urkunde mit seiner Erwähnung erst Mitte des 13. Jahrhunderts verfasst wurde. Die Lagen von Barolo, die zu den besten in Italien zählen, und Barbaresco zeugen trotz unterschiedlicher Stile von den Qualitäten dieser Rebsorte. Barolos sind wuchtiger und komplexer, Barbarescos samtig und nicht so dicht. Der Nebbiolo ist ein sehr kräftiger granat- bis rubinroter Wein. Er hat sehr kräftige Tannine, was bei klassischer Herstellung vieler Jahre der Reife bedarf, bis er sich voll entfaltet. Sein Bukett erinnert an Rosen, Veilchen und rote Früchte bis hin zu Gewürzen, Lakritze, Teer, Pilzen und feuchter Erde. Sein Alkoholgehalt ist meistens hoch. Bei perfekter Trinkreife hat er eine komplexe Süße, die sehr schön mit Schokolade harmoniert.

Welche Schokolade zum Nebbiolo?

Je kräftiger ein Wein schmeckt, desto höher darf der Kakaoanteil sein. Deshalb kommen beim Nebbiolo wieder alle Afrikaner und kräftige Schokoladen aus Südamerika-Kakao zum Zug. Die Schokolade darf allerdings nur wenig Säure besitzen, während beim Kakaogehalt durchaus auch 85 Prozent gewählt werden können. Zu fruchtige und säurebetonte Schokoladen sind zu leicht und wirken kratzig. Eine Prise Ingwer oder Kardamom ist gut. Da die Tannine des Nebbiolo recht dicht sind, darf die Schokolade nur wenig Schärfe und Bitternis aufweisen, sonst würde die adstringierende Beschaffenheit unerwünscht gesteigert. Eine São Tomé mit 72 Prozent Kakaoanteil aus reinen *Criollos* passt geradezu fantastisch. Es gibt spezielle Barrique-*Schokoladen* für die im Holzfass gereiften Weine. Die von uns dafür entwickelte Schokolade ist mit ihren Gewürzaromen fast schon ein Geheimrezept für die meisten dieser internationalen Weine. Es ist eine Schokolade aus einem Blend von *Criollo* und *Trinitario* aus Venezuela, die den Wein runder machen und die kräftigen Tannine dämpfen, im Gegenzug erfährt die Frucht eine Verstärkung. Der Wein wird trinkreifer und aromatischer, die Schokolade erhält eine noch feinere Kakaonote.

Sangiovese

Als Chianti in der berüchtigten Bastflasche fast verachtet, kann auch diese Rebe auf große Erfolge verweisen, denn als Brunello oder Brunello di Montalcino hat sie es bis an die Spitze der italienischen Weinwelt geschafft. Sangiovese gehört zu den ältesten Rebsorten Italiens und wurde schon zu Zeiten der Etrusker geerntet.

Der Sangiovese benötigt gute Reifebedingungen, sonst wird er unharmonisch und bekommt eine geradezu unangenehme Säure. Vollreife und selektierte Trauben ergeben einen fülligen, gerbstoffbetonten Wein mit angenehmer natürlicher Süße. Bis zur Trinkreife muss man sich allerdings ziemlich gedulden. Die Farbe ist kräftig rot bis rubinrot, ohne zu stark ins Dunkel abzudriften.

Der Geschmack ist wegen seiner unterschiedlichen Stilrichtungen nicht ganz leicht einzuordnen und reicht von Veilchen, Himbeeren, dunklen Kirschen, Brombeeren und Preiselbeeren über Teer, Leder, Lakritze, Vanille, Zedernholz und Kaffee bis zu – wen wundert es – Schokolade. Sangiovese wird in vielen Fällen im Barrique ausgebaut und auch mit anderen Sorten verschnitten.

Piemont – Heimat des Nebbiolos

Welche Schokolade zum Sangiovese?

Normalerweise würde ich den Wein hier nicht erwähnen, da er sich mit kaum einer Schokolade verträgt. Bei normalem Ausbau ist er zu säurebetont und adstringierend. Auch wenn seine Säure nicht höher ist als beim Riesling, verhindert sie doch wegen ihrer Zusammensetzung die Vereinigung von Schokolade und Wein, ähnlich wie das beim Spätburgunder der Fall ist. Die Verbindung wird unangenehm sauer. Nur ein ganz kräftiger 100-prozentiger Sangiovese, wie ein großer Brunello, lässt sich nach optimaler Reife auch mit Schokolade zusammenbringen, wenn diese sehr säurearm ist wie eine São Tomé mit ihrem kräftigen Schokoladenton. Sie nimmt die kernige Gerbstoffnote des Weins zurück und lässt die Frucht spielen. Der Wein wird zart-gliedriger, reifer, weicher und runder. Bei zu säurebetonten Schokoladen erleben wir das genaue Gegenteil.

Malbec

Das ist eine sehr alte französische Rebsorte, die wahrscheinlich aus Burgund stammt und einst zu den sechs Bordeaux-Klassikern gehörte, aber dort heute kaum noch angebaut wird. Dafür ist Malbec eine der Hauptsorten in Argentinien und Chile geworden. Sie ist ziemlich anfällig für Krankheiten, bringt aber herausragende Weine hervor, die dunkelviolett, fast schwarz sind und einen kräftigen Körper und weiche Gerbstoffe aufweisen. Malbec erinnert an Pflaume, Heidelbeeren, dunkle Kirschen, auch an Lorbeer, Wacholder, Gewürze wie Zimt und Vanille, Tabak, Zedernholz und dunkle Schokolade. Auch der Malbec ist im Barrique hervorragend aufgehoben. Sehr markant ist seine natürliche Süße, die ihm Wuchtigkeit verleiht.

Welche Schokolade zum Malbec?

Als eleganter Begleiter zu Schokolade ist er durch eine zarte Säure und weiche Tannine geradezu auserkoren. Mit ihm kann man eine Milchschokolade ausprobieren, die aber im etwas höheren Kakaobereich liegen sollte, ideal sind zwischen 40 und 49 Prozent. Eine leichte Pfeffernote der Schokolade macht das Unternehmen sehr spannend und eröffnet viele neue Geschmackseindrücke.

Lagenschokolade aus bolivianischer Wildpflückung passt hervorragend oder auch kubanische, weil sie die Tabaknoten unterstützt. Auch kräftige Schokoladen aus Mexiko sind ausgesprochen gut geeignet. Eine leichte Säure darf die Schokolade ruhig aufweisen, das lockt die Fruchtaromen aus der Reserve. Gewürzte Schokoladen kann man ebenfalls, muss man aber nicht nehmen, da der Wein selbst schon eine schöne gewürzte Struktur hat.

Malbec-Trauben
in Argentinien

Carménère

Gelegentlich wird er auch *Grande Vidure* genannt und wie der Malbec gehört er zu den sechs Klassikern im Bordelais. Nach der großen Reblausplage Mitte des 19. Jahrhunderts wurde er kaum noch angebaut, da auch er recht empfindlich ist. Trotzdem kann er große Weine hervorbringen. Seine Charakteristik ist der des Malbecs ähnlich, obwohl er möglicherweise mit dem Cabernet Franc verwandt sein könnte. Hauptanbaugebiete sind heute Chile und Argentinien. Der Wein ist dunkelrot mit wundervoller Fruchtsüße, die sich perfekt mit Schokolade verbindet. Er ist sehr süffig, mit einem feinen Aroma dunkelroter und blauer Beeren. Carménère hinterlässt leichte animalische Eindrücke wie Leder, eine pfeffrige und eine intensive Schokoladennote. Die Tannine sind dezent eingebunden, die Säure ist kaum zu merken. Er ist gehaltvoller als ein Merlot.

Welche Schokolade zum Carménère?

Zum Carménère können die gleichen Schokoladen genommen werden wie zum Malbec. Eine dunkle Schokolade mit roten und blauen Früchten passt ebenfalls sehr gut.

Einige Grundsätze in Kurzfassung

Wie beim Weißwein gilt auch hier: nur gute Qualität, Extrakt, Körper, Reife!

Bei fruchtigen Rotweinen sollten die Schokoladen im edelherben Bereich liegen. Sie dürfen Frucht, aber keine zu hohen Kakaosäuren aufweisen, da sich diese mit den Weinsäuren beißen würden. Der Kakaoanteil sollte nicht zu hoch gewählt werden, 55 bis 80 Prozent sind am besten.

Es wäre ein Kardinalfehler, zu glauben, dass sich nur Schokoladen mit hohem Kakaoanteil gut eignen.

Sehr säurebetonte Rotweine mit leichter Struktur wie Gamay, Barbera, Trollinger, Portugieser oder einfachere Spätburgunder und Sangiovese würde ich auf dieses Genussabenteuer in der Regel nicht mitnehmen. Es muss ja nicht jeder Wein unbedingt mit Schokolade genossen werden.

Kräftige Rotweine, teils im Holz ausgebaut, mit weichen Tanninen und Gerbstoffen, mit einer leichten Süße und Vanillenote, lassen sich wunderbar mit Milchschokoladen von 32 bis 49 Prozent Kakaoanteil zusammenbringen. Auch Gewürzanteile können zum Genuss beitragen. Mit natürlicher Süße, wohldosierter Säure und Tanninen sind kräftige Rotweine in den meisten Fällen wunderbare Begleiter für dunkle Schokoladen, ganz besonders wenn sie im Holzfass ausgebaut wurden und Vanille- sowie Röstaromen besitzen.

Dunkle Schokoladen sollten kräftig und gerbstoffbetont, aber nicht bitter sein. Der Kakao darf allenfalls eine leichte Säurenote besitzen, mehr aber nicht. Bis auf wenige Ausnahmen ist ein Kakaogehalt von über 85 Prozent nicht ratsam. Gewürze optimieren in vielen Fällen perfekt den Geschmack, das Aroma und die Intensität. Getrocknete Früchte, ob rote oder blaue und schwarze, sowie Schärfe in Form von Pfeffer oder Chili und andere Gewürze verbinden sich fantastisch mit den Weinaromen und bringen sensationelle Verbindungen.

Eiswein

Trockenbeerenauslese

Rivesaltes

Weißer Port

Banyuls

Sherry

Dessertweine

Dessertweine sind die klassischen Traumpartner in der Wein-Schokolade-Beziehung und passen zu weitaus mehr als nur zu Edelschimmelkäse oder Gänseleber. Ihre intensive Süße, die kräftige Struktur und die breite Palette an Geschmacksrichtungen verbinden sich mit Schokolade zu einer ungeahnten Fülle köstlicher Kombinationen.

Je südlicher die Weinbauregion liegt, desto weniger bringen die Trauben von sich aus an Filigranität, Finesse und Säure mit. Das beeinträchtigt die Qualität der Weine nicht, weil Kraft und Intensität des Lesegutes den scheinbaren Nachteil ausgleichen. Die Erfahrung des Kellermeisters ist ausschlaggebend, der den Weinen durch Zusammenfügen verschiedener Sorten und Jahrgänge sowie besondere Ausbaumethoden zu ihrer Größe verhilft.

Fast jede Weinbauregion der Welt kann mit einem speziellen Süßwein aufwarten. Oft sind es Weißweine – es gibt aber auch rote – und meistens handelt es sich um Bukettsorten. Die Muskatellerrebe mit ihren vielen Zweigen taucht sehr häufig auf.

Der Ausbau der Süßweine – ihre Lagerung, die Wahl der Fässer von Kastanie bis Eiche, die mikrobiologische Umgebung und klimatischen Verhätnisse der Keller – ist sehr unterschiedlich. Sie reifen in sengender Sonnenhitze oder in kühlen Kellern, in Fässern oder in Glasballons. Das Aufspriten oder Abstoppen der Gärung durch Reinalkohol oder neutralen Weinbrand sind wichtige Hilfsmittel für diese Weinbereitung.

Wegen der Fülle an diesen Weinen kann dieses Buch nur auf die Klassiker eingehen und Genussbeispiele geben.

Eisweine

Eisweine werden in der Regel nur in Deutschland und Österreich, inzwischen aber auch in Kanada naturrein produziert. Sie sind eine deutsche Zufallserfindung, die erstmals urkundlich 1830 im Rheingau erwähnt wurde. Eigentlich sollten die Trauben nach einem Kälteeinbruch an das Vieh verfüttert werden. Man bemerkte dann, dass die zusammengeschrumpften Trauben sehr süß schmeckten, und verarbeitete sie zu Wein, obwohl der Ertrag nur ein Bruchteil der sonst üblichen Menge war.

Heute ist die Produktion in Deutschland gesetzlich klar geregelt. Eisweine sind immer sortenrein – mit einer Ausnahme: Der Schillerwein darf in Württemberg ebenfalls als Eiswein produziert werden. Bei mindestens –7 °C müssen die Trauben geerntet werden. Dann ist das Wasser in den Beeren gefroren und über eine stundenlange Pressung wird der Extrakt gewonnen. Das Wasser aus den Beeren bleibt als Eisklumpen in der Presse zurück. Es ist einleuchtend, dass die Erträge dieser Weine äußerst gering sind und ihr Preis dementsprechend hoch. Eisweine sind – wenn die Ernte nicht zu spät erfolgt und sich das Lesegut in gutem Zustand befindet – sehr fruchtig und hochkonzentriert mit einer feinen Säure, die der Trockenbeerenauslese oft fehlt. Eisweine haben häufig wenig Alkohol, sind aber durch die Konzentration von Zucker, Geschmacksstoffen und Glyzerin und dank ihrer fein abgestimmten Säure sehr lange lagerfähig.

Welche Schokolade zum Eiswein?

Zu gut gemachten Eisweinen, die noch sortenspezifische Merkmale aufweisen, passt eine Vielzahl von Schokoladen, jedoch nur schwarze oder weiße Sorten. Milchschokoladen bleiben in den meisten Fällen außen vor. Weiße Schokolade, so absurd es sich auch anhören mag, garantiert beim Eiswein oft eine perfekte Genussallianz. Denn die Süße der Schokolade und die Süße des Weins potenzieren sich nicht, ganz im Gegenteil: Die süße Schokolade lässt den Eiswein oft erheblich trockener erscheinen, als er in Wirklichkeit ist. Auch die Fruchtaromen treten in der Regel wesentlich deutlicher hervor, insbesondere wenn der Wein schon sehr reife Noten und Petrol aufweist. Weiße Schokoladen mit einem Hauch exotischer Gewürze passen ideal dazu, aber auch dunkle Schokoladen mit 65 bis höchstens 85 Prozent Kakaoanteil eignen sich wunderbar. Die Schokoladen sollten eine feine und aromatische Kakaonote besitzen und eine zarte, nicht adstringierende Kakaosäure aufweisen.

Lagenschokoladen aus Tansania mit 75 % Kakaoanteil oder feinwürzige *Arribas* und natürlich Schokoladen von *Criollos* aus Peru oder Bolivien passen perfekt. Die Süße wird köstlich in die Kakaoaromen eingebunden und die Kakaosäure verstärkt Frucht, Aroma und Frische der Weine. Riesling-Eiswein sollte man auch unbedingt einmal mit der *Papua Umami* versuchen.

Eiswein-Anbau

Beerenauslesen, Trockenbeerenauslesen

Natürliche Süßweine werden ohne Zusatz von Zucker oder Abstoppen des Alkohols hergestellt. Dazu gehören alle in Deutschland und Österreich hergestellten Beeren- und Trockenbeerenauslesen, die in der Alpenrepublik auch Ausbruch genannt werden. Durch hohen Reifegrad und Bildung von viel Traubenzucker sowie Austrocknen der Beeren am Stock entsteht der Rohstoff für diese Raritäten. Die Dichte der natürlichen Zuckerkonzentration überdeckt meistens den typischen Geschmack der jeweiligen Traubensorte. Eine zusätzliche Variante ist die natürliche Unterstützung durch den Edelschimmelpilz Botrytis cinerea, der sich auf der Beerenhaut niederlässt, sie durch- stößt und dadurch das Wasser verdunsten lässt. Die Botrytis bringt noch ein spezielles Aroma in die Weine. Ganz berühmte Vertreter dieser Süßweine sind die Sauternes aus dem Bordelais, die zu den teuersten Weinen der Welt gehören. Château d'Yquem ist der bekannteste Erzeuger in dieser Liga.

Es gibt auch Süßwein-Spielarten wie den ungarischen Tokaji Aszu, bei dem edelfaule Trauben, meist Gelber Muskateller, in 25-kg-Bütten zugegeben und zusammen mit angegorenem Jungwein oder fertigem Wein oder Most im Holzfass vergoren werden. Die Anzahl der Bütten (Puttony) pro Fass ist ausschlaggebend für die Süße des Weins. Je nach Qualität werden eine bis sechs Puttony zugesetzt. Durch die hohe Konzentra- tion an Zucker sind diese Weine sehr lange lagerfähig, auch wenn der Alkoholgehalt oft nicht besonders hoch ist.

Tokaji – edelfaule Trauben

Sauternes

Welche Schokolade zur Beeren- und Trockenbeerenauslese?

Die reifen, betörend intensiven Aromen dieser Weine schreien geradezu nach Schokolade.

Die perfekten Partner sind dunkle und weiße Schokoladen. Die dunklen sollten kräftig und herb sein. Ein Kakaoanteil von 70 bis maximal 90 Prozent ist gerade richtig. So wird den oft sehr »fetten« Weinen eine größere Leichtigkeit und Finesse gegeben. Noch intensivere und kräftigere Schokoladen mit höherem Kakaoanteil würden in den meisten Fällen den Weingeschmack unterdrücken.

Ideal sind weiße Schokoladen mit einem Anteil an Safran und Curry, wie zum Beispiel unsere *Blanche* Safran Curry. Diese Kombination beflügelt die Geschmackssinne. Süße weiße Schokolade und üppig süßer Wein heben sich im Empfinden von Süße regelrecht auf. Der Wein wird wesentlich trockener wahrgenommen als er in Wirklichkeit ist. Die feine bitteraromatische Verbindung mit edlem Safran – mit einem Kilopreis von derzeit 5 900 Euro eines der teuersten Gewürze – sowie einem besonderen Curry mit dezenter Schärfe und intensiven Aromen gibt den Ausleseweinen die Fülle ihrer Fruchtaromen zurück, die sonst allzu leicht in der Üppigkeit der Weine verschwindet. Diese Kombinationen können ein Dessert komplett ersetzen, wie zwei Beispiele beweisen:

Nobel One (1999), *De Bortoli,* Australien, mit Aromen von getrockneten Aprikosen und Nektarinen u.a., mit eleganter Fülle und Dichte im Mund, ist auf der Basis von Sauternes hergestellt. Mit *Bolivia Sauvage* Wildcriollo aus Bolivien entfalten sich die Aprikosenaromen, getragen von der Feinfruchtigkeit der Schokolade, wunderbar.

Der 2004 Rosenmuskateller von *Franz Haas* aus Südtirol ist rund, saftig, dicht und unglaublich verspielt. Er wirkt mit seiner eleganten Struktur überraschend jugendlich. Sensationell schmeckt er mit *Saint Domingue,* einer fruchtigen, edelherben Schokolade aus der Dominikanischen Republik mit 70 Prozent Kakaoanteil. Die dunklen, schokoladigen Aromen geben dem Wein Substanz und Rückhalt.

Toscana – Heimat des Vin(o) Santo

Strohweine

Der Strohwein hat insbesondere in Italien eine lange Tradition, dort wird er Passito genannt. Dafür werden die Trauben auf Darren, oft auf Strohmatten (daher auch der Name) angetrocknet, was in Deutschland übrigens verboten ist. Das Wasser verdunstet, der Extrakt konzentriert sich in der Traube. Durch Abpressen dieser rosinenartigen Beeren ergibt sich ein meistens süßer und sehr intensiver Wein. Solche Strohweine sind der Vin(o) Santo aus der Toscana, der berühmte Amarone und der Recioto aus dem Anbaugebiet um Valpolicella in Venetien. In Österreich, speziell am Neusiedler See, spricht man auch von Schilfweinen, da die Trauben dort bis zu drei Monate auf Schilfmatten trocknen. Eine besondere geschmackliche Bereicherung entsteht auch durch die unterschiedliche Lagerung in speziellen Fässern und teilweise durch das Verschneiden mehrerer Rebsorten.

Die Weine sind meistens süß, aber nicht immer. Der Amarone ist eigentlich ein wuchtiger trockener Wein mit einem leicht bitteren Nachklang, nicht ohne Grund trägt er schließlich seinen Namen (*amaro* = bitter). Er wird aus drei zugelassenen Rebsorten hergestellt, die vollreif, aber kerngesund gelesen und dann angetrocknet werden. Haben die Trauben rund ein Drittel bis zur Hälfte ihres Gewichtes eingebüßt, kommen sie in die Presse. Zurück bleibt ein sehr konzentrierter Saft mit wenig Wasseranteil. Durch die langsame und kühle Gärung entsteht ein cremiger, wenig süßer, sehr tanninbetonter Wein, der Aromen von Blüten, Kräutern, schwarzen Beeren und

Trockenbeerauslese-Verkostung

Kirschen sowie Dörrobst, Pflaumen und Kakao aufweist. Sein natürlicher Alkoholgehalt beträgt 14,5 bis 16 Volumenprozente. Er ist einer der besten Weinbegleiter zur Zigarre, aber auch mit Schokolade bereitet er großen Genuss.

Der Recioto mit einem natürlichen, nicht vergorenen Zuckeranteil ist ein süßer Verwandter des Amarone. Seine Farbe ist ebenfalls kräftig bis granatrot, sein Aromenspiel erinnert an Zimt, Gewürznelke und dunkle Kirschen.

Welche Schokolade zu Strohweinen?

Die Kombinationsmöglichkeiten sind ähnlich wie bei den Beeren- und Trockenbeerenauslesen.

Beim Amarone dürfen es aber auch bis zu 85 Prozent Kakaoanteil sein, vorausgesetzt die Schokolade hat wenig Gerbstoffe und Säure, da diese der Wein von sich aus mitbringt. *São Tomé* mit 72 Prozent und *Uxmal* aus Mexiko mit 70 Prozent sind perfekte Begleiter. Beim Recioto sind ein paar Prozent mehr möglich. Schokoladen ab 65 Prozent sind empfehlenswert; dank seiner Dichte und Süße verträgt er sogar 100 Prozent Kakaoanteil. Ein Fruchtspiel in der Schokolade ist von Vorteil. Mit der Schokolade *Inka Inti* aus peruanischen *Criollos* mit etwas Salzanteil läuft er zur Höchstform auf. Auch Schokoladen aus der Dominikanischen Republik sowie *Arribas* aus Ecuador sind eine gute Wahl. Für besonders gelungene Verbindungen können die folgenden Beispiele dienen:

Zu süßer Harmonie und herrlichem Fruchtspiel verbünden sich ein *2006 Verdicchio Castelli di Jesi passito* – mit einem intensiven Aroma von Orangen und Honig, Komplexität und guter Säure im Abgang – und eine Schokolade aus *Trinitarios* sowie *Criollos*, wie *Saint Domingue Orange* mit halbkandierter Orangenzeste und etwas Haselnusskrokant.

Der *1999 Amarone* von *Lenotti* ist eigentlich noch zu jung, geht aber mit der Schokolade São Tomé (72%) eine reife und köstliche Koalition ein.

Der *1993er La Spinetta* Moscato, im Barrique ausgebaut, ist ein sehr gereifter Wein mit würziger Süße, prägnanten Eichenholztönen und vielschichten Apfelaromen. Gönnt man sich dazu eine *Coeur de Cacao* (70 Prozent) mit reinen Kakaosplittern, wird der Moscato rund und noch etwas aromatischer.

Vin Doux Naturel

Der Klassiker der französischen Süßweinfraktion aus dem Roussillon hat eine große Familie, die heutzutage fast weltweit verbreitet ist.

Oft werden Muskatellertrauben für die Weinbereitung verwendet, aber natürlich auch rote Sorten wie der Grenache. Die Gärung von vollreifem Lesegut, teilweise in Beerenauslese-Qualität, wird mit reinem Weingeist (96 Prozent Alkohol) oder klarem Weinbrand abgestoppt. Dadurch behalten die Weine ihre angenehme Süße und ihr fruchtiges Geschmacksbild. Am bekanntesten sind die Banyuls aus Languedoc-Roussillon. Sie bestehen zu mindestens 50 Prozent aus Grenache und aus verschiedenen Weißweintrauben. Wie bei der deutschen Beerenauslese schrumpfen die Trauben am Stock rosinenartig zusammen, die Gärung wird so abgestoppt, dass der Alkoholgehalt zwischen 15 und 22 Prozent liegt und die natürliche Süße der Weine erhalten bleibt. Auch der Muscat de Rivesaltes gehört zu dieser Kategorie, ebenso Samosweine oder Mavrodaphne aus Griechenland, Marsala aus Sizilien, Commandaria aus Zypern und die wohl berühmtesten Weine Portugals, die Portweine, die mit aromafreiem 77-prozentigem Branntwein angereichert werden.

Sherrys, die aber erst nach der Gärung aufgespritet werden, fügen sich gleichfalls in dieses Raster ein. Nicht vergessen werden dürfen ihre Verwandten aus Madeira, die es wie Sherrys auch in trockenen Varianten gibt.

Der dalmatinische Prosek und die 16 Typen des Malagaweins werden als Süßweine von Genießern gleichfalls sehr geschätzt.

Rivesaltes

Rivesaltes sind Süßweine kontrollierter Herkunft aus dem Languedoc-Roussillon, deren Gärung mit Weingeist abgestoppt wird. Ihr Alkoholgehalt liegt meist zwischen 15 und 17 Volumenprozent. Der Muscat de Rivesaltes wird, wie sein Name schon zu verstehen gibt, ausschließlich aus den Muskatellertrauben von »Muscat petit grain« und »Muscat Alexandrie« gewonnen. Mit seinen feinen Aromen von Litschi, Pfingstrosen und Orangenblüten ist er ein perfekter Schokoladenbegleiter. Die von der Farbe deutlich ins Rötliche spielenden Rivesaltes Tuilé, die bernsteinfarbenen Rivesaltes

Ambré und die roten Rivesaltes Grenat sowie die Rivesaltes Hors d'âge sind weitere Süßweine dieser Region, die aus Grenache (noir und blanc), Macabeu, Carignan, teilweise auch Syrah und natürlich Muskatellertrauben gekeltert werden und hervorragend mit Schokolade harmonieren.

Welche Schokolade zu Rivesaltes?

Eine *Saint Domingue* (70 Prozent) mit halbkandierten Orangenschalen und etwas Haselnusskrokant und ein Muscat de Rivesaltes sind ein perfektes Paar. Die Aromen von Schokolade und Wein vereinen sich zu einem himmlischen, beinahe erotischen Genuss. Probieren Sie, wenn sich die Gelegenheit ergibt, eine der folgenden Empfehlungen:

Ein besseres Gespann als die erwähnte Schokolade mit einem 2005 Muscat de Rivesaltes der *Domaine Gardiés* kann ich mir kaum vorstellen.

Auch der 1978 Rivesaltes AOC Rouge aus Grenache Hors d'âge und eine *Saint Domingue Ananas* bilden ein unschlagbares Duo. Die Fruchtigkeit der Schokolade ist wie geschaffen für die Fruchtigkeit des Weins. Das Aroma der Ananas intensiviert sich unglaublich.

Der 1995 Rivesaltes Tuilé Hors d'âge des Weinguts *Château de Nouvelle* mit Aromen von Mandeln und Karamell verlangt nach einer *Vitis Noir*, einer *Criollo*-Schokolade aus der Dominikanischen Republik mit feinen Gewürznoten von Zimtblüte und pfeffriger Kubebe. Sie lösen die scheinbar undurchdringliche Dichte auf und erschließen ein komplexes Fruchtbild, das vorher nicht zu finden war.

Auch wenn er kein Rivesaltes ist, sei dieser Vins doux dennoch hier genannt: der Carthagène der *Domaine de la Yole* aus Valras Plage. Er versetzt mit Pfirsichnektar und einer fantastischen Konzentration von gereiften Fruchtaromen den Gaumen in Entzücken. Geradezu sensationell gerät der Genuss mit einer fruchtintensiven, zarten und feinen *Cuba*-Schokolade (70%) aus *Trinitarios* und *Criollos* mit feinen Tabakaromen. Die feinfruchtigen Kakaonoten werden durch die Schokolade in den Wein hineingebracht und geben ihm Substanz und Rückgrat in Form von Tanninen.

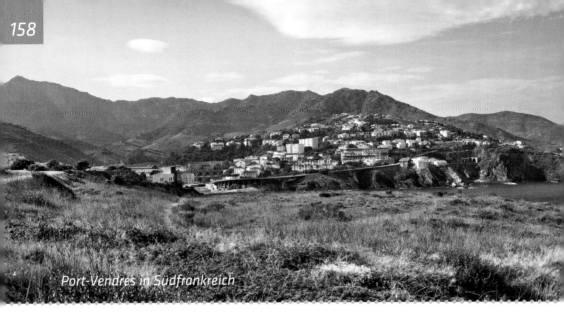

Port-Vendres in Südfrankreich

Banyuls

Nur vier Gemeinden an der Côte Vermeille am Mittelmeer zu Füßen der Pyrenäen dürfen diesen Wein produzieren: Banyuls-sur-Mer, Collioure, Cerbère und Port-Vendres. Lediglich rund 1 500 Hektar sind dazu auserkoren. Der Ertrag auf den Schieferböden ist sehr gering. Eine der Hauptrebsorten ist der Grenache, von dem die Hälfte des Weines stammen muss. Die Beeren werden ähnlich wie bei der Trockenbeerenauslese am Stock angetrocknet. Damit nicht der ganze Zucker vergärt, wird auch dieser Wein wie alle Vins Doux Naturel mit hochprozentigem Alkohol abgestoppt. Der Alkoholgehalt der Banyuls wird dabei auf rund 20 bis 22 Volumenprozent angereichert, wodurch sich die Farbstoffe aus der Schale lösen. Banyuls reifen normalerweise zehn Monate, Grand Crus müssen 30 Monate in Eichenfässern bleiben, in denen sie eine Geschmacksmischung aus Nüssen, Schokolade, Pflaumen, dunklen Kirschen und Dörrobst entwickeln. Im Abgang erscheinen diese Weine wesentlich trockener, als sie in Wirklichkeit sind. In und um Banyuls ist es bewährte Tradition, dass die Weine in Glasballons reifen und allen Klimaschwankungen ausgesetzt werden. Die Weine altern schneller, verändern ihre Farbe und bekommen somit ein eigenes, ganz besonderes Geschmacksbild, den *goût du rancio*. Bei deutschen Winzern würde eine solche Methode sicherlich blankes Entsetzen auslösen. Aber nur durch diesen eigenwilligen Ausbau wird der typische Geschmack der Banyulsweine erzielt.

Welche Schokolade zum Banyuls und seinen Verwandten?

Banyuls sind klassische Schokoladenweine. Sie passen am besten zu einer intensiv schmeckenden Schokolade mit hohem Kakaoanteil. Beispielsweise zu einer Lagenschokolade aus São Tomé mit 72 Prozent Kakaoanteil. Der Wein verträgt allerdings auch bis zu 100 Prozent. Wichtig ist dann, dass er mit Süße und genügend Alkohol ausgestattet ist. Vorzugsweise passen Schokoladen aus afrikanischen Kakaos und kräftigen Bohnen aus Mexiko. Zu empfehlen sind beispielsweise folgende Kombinationen:

2006 Banyuls *Rimage* von der *Domaine Traginer* wird früh abgefüllt und reift in der Flasche. Somit behält er seine intensiven, fruchtbetonten Aromen. Eine perfekte Harmonie erreicht dieser Wein mit *Inka Inti*, einer 70 Prozent Lagenschokolade aus peruanischen *Criollos* mit einem Hauch von Salz. Die Frucht wird noch konzentrierter, ein langer Abgang ist garantiert.

1998 Banyuls *Grand Cru Rimage* (als Rimage werden besondere Jahrgangsweine bezeichnet, ähnlich wie »Vintage«) von der Weinkooperative *Cellier des Templiers* in Collioure aus 100 Prozent Grenache, tiefgründig, komplex, mit intensiven Frucht- und Schokoladenaromen, verbindet sich wunderbar mit São Tomé oder Kakaosorten aus Uganda.

Maury, das sind Vin-doux-naturel-Weine, die mindestens zu 75 Prozent aus Grenache noir bestehen und aus dem gleichnamigen Ort Maury stammen. Bekanntester Produzent dürfte wohl das Weingut *Mas Amiel* sein. Aber auch der *2006* Maury *Vendage* aus der *Domaine Pouderoux* wartet geradezu auf eine sehr dunkle, mit dezenter Kakaosäure ausgestattete Lagenschokolade aus Ugandakakao, *Trinitarios* und *Forastero* mit 85 Prozent.

Der Maury *Hors d'âge* derselben Domaine hat eine dunkle, frische Frucht, die von Aprikosen geprägt ist und mit feiner Eleganz besticht (als »Hors d'age« wird ein mindestens fünf Jahre gelagerter Wein bezeichnet; dieser hier hat 15 Jahre hinter sich). Der Wein wirkt mittelschwer bis filigran, sehr spannend. Als optimaler Partner hat sich eine *Venezuela Espelette* bewährt, ein Blend aus *Trinitarios* und *Criollos* aus Venezuela mit einem Hauch von Espelettepfeffer. Die dezente Schärfe, gepaart mit den Kakaoaromen, gibt dem Wein Spiel und bringt dessen Frucht hervor, ohne beißend zu werden.

Portwein

Portweine sind traditionelle Begleiter zu Schokolade. Hier kennen wir ebenfalls verschiedene Qualitäten und vor allen Dingen auch die ältesten staatlich geregelten Qualitätsgebiete der Weinwelt. Das Anbaugebiet ist das Dourotal im Norden Portugals mit den Kellereien in der Stadt Porto. Es gibt weiße und rote Portweine aus rund 80 verschiedenen Traubensorten, die in die Qualitäten Ruby, Tawny, Late Bottled Vintage und letztlich Vintage Port (Jahrgangsport) unterteilt werden. Der Letztgenannte hat die beste Qualität und darf nur hergestellt werden, wenn die Prüfungskommission ihre offizielle Erlaubnis erteilt hat. Auch hier wird die Gärung durch den Zusatz von Reinalkohol abgestoppt. Der Sauerstoffeinsatz ist, anders als beim Sherry, deutlich enger begrenzt. Daher dauert die Fasslagerung zwei bis maximal sechs Jahre, ehe abgefüllt wird. Portweine haben je nach Alter ein intensives Aroma nach Süßkirsche und Kirschwasser, Rumtopf, Gewürzen, Nüssen, Dörrobst, Vanille, Karamell und Zitrusschalen. Sie sind reich an Wärme, Körper und Fülle.

Welche Schokolade zum Portwein?

Zu dieser Kraftbombe passt etwas Grandioses. Sommelier *Guntram Fahner* hat mir die sensationelle Kombination mit einem Vintage oder Late Bottled Vintage Port gezeigt: am besten eine 100-Prozent-Schokolade wie die *Puro* von *Domori* aus feinstem Edelkakao oder eine hochprozentige edelherbe Schokolade, nicht unter 85 Prozent Kakaoanteil. Der extreme Kakaoanteil irritiert zuerst die Geschmacksnerven, aber die Fülle und die Frucht des Portweins holen die Schokolade zurück und ergeben eine Harmonie, die man nicht missen möchte. Die Sinne werden verwirrt, vielleicht auch ein wenig gequält, um dann in Begeisterung zu geraten. Auch kräftige Schokoladen mit einer Eigendynamik wie *Guinea Ancho*, die dezente Schärfe und Raucharomatik mitbringen, passen sehr gut.

Sherry und Malagaweine

Der Name Sherry kommt vom arabischen Wort *Sherish*, der heutigen Stadt Jerez de la Frontera in Andalusien. Da es viele verschiedene Sherryarten in süßer, halbtrockener und trockener Ausbauart gibt, ist auch die Geschmacksvielfalt groß. Drei Rebsorten bilden die Basis für den Sherry: Palominotrauben werden für die trockene Variante

Impressionen aus dem Dourotal in Portugal

gekeltert, Moscatel und Pedro Ximinez sind die Lieferanten für den »Süßstoff«. Die Herstellungsmethode ist, wie beim Port, hauptsächlich den Engländern zu verdanken. Sie ließen den Wein aufspriten, um ihn für den Transport haltbarer zu machen. Allerdings stoppt der Alkohol beim Sherry nicht die Gärung ab, er wird dem fertigen Wein zugefügt. Oft werden verschiedene Jahrgänge miteinander verschnitten. Entscheidend ist die Lagerung, die meist mehrere Jahre dauert. Die Fässer werden nur zu 85 Prozent befüllt, der Spund bleibt bei Finos und Manzanillas offen. Durch das Klima wird ein besonderer Hefepilz gezüchtet, der sich auf die Weinoberfläche legt und den Wein vom Sauerstoff abschließt, was ihm zu seinem typischen Geschmack mit den charakteristischen Walnuss- und Haselnussaromen verhilft. Beim Sherry ist das Soleraverfahren unersetzlich. Dabei werden die Fässer pyramidenartig übereinander gestapelt und kontinuierlich alle drei bis vier Monate von oben nach unten umgefüllt. Aus der untersten Lage wird dann der Sherry in Flaschen abgefüllt.

Nicht zu vergessen sind die Malagaweine, die ausschließlich in der süßen Variante hergestellt werden und aus der spanischen Provinz Málaga stammen. Die verwendeten Traubensorten sind dieselben wie beim Sherry, ebenso das Verfahren.

Welche Schokolade zu Sherry und Malaga?

Die Auswahl kann man unter vielen passenden Partnern treffen. Milchschokoladen sind sehr interessant, vor allem wenn sie Mandeln oder Nüsse wie Hasel- und Wal- oder auch Macadamianüsse enthalten. Der Kakaogehalt sollte sich zwischen 32 und 43 Prozent bewegen, insbesondere bei trockenen Sherrys. Aber auch dunkle Schokoladen eignen sich recht gut. Probierenswert sind edelherbe Sorten, vielleicht sogar mit reinen gerösteten Kakaokernen. Fruchtige, dunkle Schokoladen sind besonders für die Cream Sherrys geeignet.

Vorsicht: Ab 85 Prozent wird die Wechselwirkung erschwert! Junge und sehr trockene Finos sind für eine Verkostung mit Schokolade weniger empfehlenswert.

Bei Malaga- und P.X.-Weinen (Pedro Ximinez) darf die Kakaonote schön kräftig sein. Sogar 100 Prozent eignen sich für neue Genusserfahrungen. Schokoladen aus São Tomé, Ghana, Uganda und Tansania mit einem Kakaogehalt von 72 Prozent bieten ebenfalls ein schönes Geschmackserlebnis, da sie Kraft und dezente Säure mitbringen.

Sekt und Champagner

Der Champagner besteht aus drei zugelassenen Rebsorten: Chardonnay, Spätburgunder (Pinot Noir) und Schwarzriesling (Pinot Meunier). Er darf nur in der Champagne diesen Namen tragen. Auf dieselbe aufwendige Weise in Flaschengärung hergestellte Sektqualitäten haben sich mit dem Hinweis *méthode traditionelle* zu begnügen. Für Sekt dürfen heutzutage, insbesondere in Deutschland, fast alle Weinsorten verwendet werden. Erstaunlich ist dabei, dass sie oft so exzellent sind, dass man sie mit vielen Champagnern vergleichen kann.

Welche Schokolade zu Sekt und Champagner?

Wegen der Kohlensäure im Zusammenwirken mit der Schokolade ist Vorsicht geboten. Obwohl der allseits geschätzte Klassiker, Erdbeeren mit Champagner, schon sensationell ist, lässt sich diese bewährte Paarung noch übertreffen, indem man die Erdbeere halb mit einer fruchtigen edelherben Schokolade überzieht. Weiß gekelterte Sektsorten harmonieren besser mit Schokolade als rote. Bemerkenswert ist auch eine reine Sekttrüffel mit zwei leckeren Füllungen aus einem Brut Sekt oder Champagner, umhüllt von weißer Schokolade. Diese Trüffel in einem Glas mit Brut Sekt oder Champagner aufgefüllt, ergibt eine köstliche Harmonie, wobei man sich mit dem letzten Schluck die süße Kugel geben kann. Auch weiße Schokoladen mit Erdbeeranteilen und roten Früchten passen sehr gut zum Schaumwein, hier darf man dann auch einmal zu einem sonst nicht so idealen, lieblicheren Sekt greifen.

Spirituosen und Brände

Dies ist ein so riesiges Thema mit unglaublich vielen Geschmacksentdeckungen, dass dafür ein eigenes Buch mit detaillierten Beschreibungen verfasst werden müsste. Whiskys, Wein- und Obstbrände ergeben köstliche Genusskombinationen mit Schokolade. Klare Brände oder angesetzte wie Wacholder, auch Kräuterschnäpse und Wodka eignen sich nur bedingt. Entdecken Sie dieses Thema einfach selber – durch Probieren.

Herstellung von Schokoladentafeln
in der Manufaktur

Schokolade von A bis Z

Wein von A bis Z

Flüssige Genüsse

Mythos Barolo

von Maurizio Rosso und Chris Meier,
280 Seiten mit rund 300 Farbabb.
und 35 Portraits im Duplexdruck,
ISBN 978-3-7750-0350-6.

Legende, Geschichte, Porträts in Wort und Bild.
Fachbuch und repräsentativer Bildband über
einen der großen Weine der Welt. Ausgezeichnet mit der Goldmedaille der Gastronomischen
Akademie Deutschlands.

Sherry – Kultur & Genuss

von Werner Obalski und Jürgen
Deibel, 96 Seiten mit 65 Farbbildern,
ISBN 978-3-7750-0524-1.

Flüssiges Andalusien: Das Geschenkbuch
zum Sherry mit Fachinformationen,
exklusiven Rezepten und Wissenswertem
zur Geschichte und Herstellung sowie
Adressen vor Ort.

Single Malt Note Book

von Walter Schobert,
278 Seiten, 231 Abbildungen,
ISBN 978-3-7750-0486-2.

Für Fans und Experten: Distillery Facts mit
allem Wissenswerten über Brennverfahren,
Malz, Wasser, Abfüllungen und Alter und den
Anschriften der Destillerien. Tasting Notes
zu rund 250 ausgewählten Single Malts mit
farbigen Abbildungen der Etiketten.

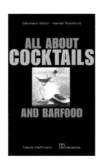

**All about Cocktails &
Barfood**

von Bernhard Stöhr, Harald
Wohlfahrt und Maria Hoffmann,
121 Seiten, 149 Farbfotos,
ISBN 978-3-7750-0475-6.

Mit Cocktails und Dekotipps eines vielfach
ausgezeichneten Barchefs sowie Fingerfood-
Rezepten von Deutschlands langjährigem
3-Sterne-Koch. Edles Barbuch mit neuen
Rezepten und Klassikern sowie Tipps für die
Hausbar.

Weitere Informationen über Genussbücher bei:

Walter Hädecke Verlag | Postfach 1203 | 71256 Weil der Stadt | Deutschland
Telefon +49 (0) 70 33 / 13 80 80 | Fax +49 (0) 70 33 / 13 80 81 3
E-Mail info@haedecke-verlag.de | www.haedecke-verlag.de